青春是百折不回的航线

《中学生博览》杂志社 选编

时代文艺出版社

图书在版编目（CIP）数据

青春是百折不回的航线 /《中学生博览》杂志社选编. — 长春：时代文艺出版社，2021.3
（青少年校园美文精品集萃丛书. 青春伴读系列）
ISBN 978-7-5387-6579-3

Ⅰ.①青… Ⅱ.①中… Ⅲ.①作文－中学－选集 Ⅳ.①H194.5

中国版本图书馆CIP数据核字（2020）第267133号

出 品 人　陈 琛
产品总监　邓淑杰
责任编辑　焦 瑛
装帧设计　孙 利
排版制作　隋淑凤

本书著作权、版式和装帧设计受国际版权公约和中华人民共和国著作权法保护
本书所有文字、图片和示意图等专有使用权为时代文艺出版社所有
未事先获得时代文艺出版社许可
本书的任何部分不得以图表、电子、影印、缩拍、录音和其他任何手段
进行复制和转载，违者必究

青春是百折不回的航线

《中学生博览》杂志社　选编

出版发行 / 时代文艺出版社
地址 / 长春市福祉大路5788号　龙腾国际大厦A座15层　邮编 / 130118
总编办 / 0431-81629751　发行部 / 0431-81629755　北京开发部 / 010-63108163
官方微博 / weibo.com / tlapress　天猫旗舰店 / sdwycbsgf.tmall.com
印刷 / 三河市嵩川印刷有限公司
开本 / 880mm×1230mm　1 / 32　字数 / 135千字　印张 / 7
版次 / 2021年3月第1版　印次 / 2021年3月第1次印刷　定价 / 36.00元

图书如有印装错误　请寄回印厂调换

编 委 会

编委会主任：刘翠玲　夏野虹　高　亮

编　　　委：宁　波　孟广丽　张春艳

　　　　　　李鹏修　苗嘉琳　姜　晶

　　　　　　王　鑫　李冬娟　王守辉

Contents 目 录

开往十八岁的列车

如果我可以 / 林夏尔 002
彩纸飞机飞过的冬天 / 夏南年 009
温柔的声音扶风而过 / 落 篱 019
女汉子,走四方 / 小眼鱼子 024
就是这种小孩子 / 谢雨柯 029
一只高三 Dog 的病历报告 / 水 四 036
开往十八岁的列车 / 争 青 043

许我一童话

愿有人陪你颠沛流离 / 杜克拉草 048
许我一童话 / 洪夜宸 053
再见一面 / 一棵大白菜 059
留在记忆中的黑白色 / 念 安 066

等待是一件年少无知的事儿 / 冰糖非晶体　072

最后一个夏天 / 亚　邪　077

绑架塔那托斯 / 果　舒　086

在风和日丽里遇见你

一场多巴胺的爱情 / 裸夏木槿　100

在风和日丽里遇见你 / zzy 阿狸　106

我和她一样，想做那只扑火的飞蛾 / 街　猫　119

还好我们早早遇见 / 李寻乐　127

我想你了亲爱的小胖子 / 寻　132

林深时见鹿，梦醒时见你 / 瓦　瓦　137

你蹑足而至的温柔

喜欢和你在一起 / 骆驼吖　144

4号同学这只妖 / 小眼鱼子　150

兔子时光匆匆过往 / 刘存强　156

你蹑足而至的温柔 / 苏　意　161

伟大的队友 / 佑　季　174

语文课上的相爱相杀 / 南　一　180

传奇远而粥饭近

被父母的爱情甜到牙疼 / 岁岁何欢　188
愿世间所有的母爱都被温柔以待 / 依　林　192
爱是为你做一碗鸡蛋面 / 惟　念　198
传奇远而粥饭近 / 夏日痴　203
决不能让妈妈看到的几行文字 / 骆　阳　208
你好，陌生人 / 浅步调　211

开往十八岁的列车

如果我可以

林夏尔

奇葩对对碰

今天是高一军训结束的第一天,我站在16班的门口,看着教室里一块又一块"黑炭",第无数次咒骂:"杀千刀的军训,阻碍本小姐看帅哥的路,黑炭哪里有看头?啊啊啊……还好除了颜控我还是个声控……"

进了班,随意挨了个女生坐下,她是典型的土生土长的村里娃,我为这个学校的包罗万象啧啧称奇,想想还是开口说:"你好……""呃呀呀,客气啥子嘛,俺是野娃子,咱不说这些,阿妈管我叫黄丫……"我淡淡地头疼,这南腔北调的方言,是怎么从一张嘴里说出来的!还好老师来了,让大家开始自我介绍。大家一个接一个地上去,最后自我介绍的模式变成了：名字+梦想。同桌最后一个上台，一张口就惊到了一群人："俺叫沈菠萝，阿妈从小就告诉俺，黄丫啊，长大了就回家相夫教子吧……"

全班哄堂大笑，这时候门被大力地推开，门外一个穿着白衬衣、牛仔裤的男生被教室里的气氛惊呆了片刻，搞清楚状况后，他气定神闲地走上讲台："殷越洋，梦想是成为中央人民广播电台的主播，我只想向未来的自己说一声，我可以！"掌声一浪高过一浪，我好像看见沈菠萝的脸红了。"那什么，菠萝同学，相夫教子是女性在实现了自我人生价值之后要做的事，可不是长大了就可以的哦。"殷越洋的眼睛里有轻视，有戏谑，但也有那么一丝认真。沈菠萝的脸一下子红到耳根儿："俺不要侬管，总有一天俺也要让侬知道，俺可以，俺说到做到！"

奇葩年年有，今年特别多。开学第一天本应该严肃的自我介绍环节，让这两个奇葩给对对碰碰没了。我塞着耳机一边听着最喜欢的CV（配音演员）墨白在《山河永寂》中的念白，一边回想着今天的场景，不觉弯了眉眼。

没有什么不可能

开学两周了，我莫名其妙地和这个做事总是慢半拍的沈菠萝成了好朋友，因为方言的问题，她不怎么开口，但一开口说话总是名句，淡淡的韵味也在证明着这个女孩儿骨子里的不凡。听她别扭地用方言往外冒名句，诙谐可爱，我甚至想录下来当语录了。今天因为沈菠萝的慢吞吞，我们去食堂又迟了，惩罚是路上我给她讲作为声控的我最喜欢的CV墨白的事情以及吹嘘我要当个女CV的梦想，虽然我承认我的声音并不算好听而且也没有吸引力。

穿过学校花园的时候我听到了殷越洋练声的声音，但更令我迈不动步的是他念出的一段话："每个人生于世上，为信仰而活。但信仰太过虚无缥缈，我更愿说那是喜欢，我喜欢他的声音，他不在我身边，但他的声音一直都在我的世界做环绕立体声。多想多想，我们的世界有那么一点点重合……只是我并不出色，所以，做自己吧，流连在他的世界里，也时刻不忘在自己的世界里盛开……"

如果没听错，那是我昨晚在墨白的网站里写下的一段话，怎么会从殷越洋的嘴里跑出来呢？说出困惑，殷越洋的眼里有了一闪而过的惊艳："作为一个时刻享受声音的人，也作为一个梦想着成为播音员的人，这是我最欣赏的一种粉丝和偶像的关系：相同的爱好使两个人的世界有了交集，不强求且保持着清醒的头脑做自己。唉……其实你可以去给墨白的贴吧做写手或者策划，或许那真的适合你……"

我突然觉得这世界有些不真实，给我关上一扇门的同时又打开了一扇窗，一阵恍惚过后，听到沈菠萝喃喃地说："俺好像也变声控了，这可咋整？"沈菠萝直勾勾地看着殷越洋，我有一种不好的预感，还没来得及拉住她，她就已经冲到殷越洋的面前："侬看俺可以学播音主持吗？俺好像看上侬的声音了。"我一阵无语，这个黄丫是要干吗？

殷越洋的眼神值得玩味："黄丫，你，好，像，不，行。"

沈菠萝的别扭劲儿上来了："侬，看着，俺，说到做到！"

殷越洋看着这样的沈菠萝，一愣："没什么不可能，你加油，我在未来等你的答案。"

每个人都有想飞的初衷

那个中午，我们没有吃成饭，我被沈菠萝拉着出了校门，游走在这个我生活了十几年的地方，博雅琴行、城市电台、星海广场……其实这里所有的一切都能给沈菠萝不小的震撼，渐渐的，她的眼里有了光彩，大概是因为殷越洋改变了什么吧。那天下午我们在夕阳下手拉着手回学校，整个下午我们都没怎么说话，沈菠萝在认真地欣赏这个她想要留下的城市，也在思考着殷越洋给出的生活方向。而我呢，拉着沈菠萝穿梭于大街小巷，第一次认真地看了看这个生我养我的地方，思考着殷越洋下午给的建议……

有些人的出现，给本来灰白的世界带来了一丝色彩，没他我们不是不能活，但真的感谢他披着万丈霞光出现在我的面前，给了我生活的方向。

老班罚我和沈菠萝门外站着，沈菠萝盯着远处的最后一抹夕阳。"我！要走得更远！我不要再回到那个村庄，因为它真的装不下我！我可以，我知道。"我颇为无语地听着这丫头的豪言壮语，我知道，她可以，我也可以，因为每一个有梦的人都无人可挡。

时间的洪流太过强大，带走了殷越洋，他因为成绩优异，跳过高三直接拿着播音主持资格证去浙传报道了，留下我和沈菠萝在原地为远方摸爬滚打。当初的那个小花园，现在成了我和沈菠萝的根据地。我抱着笔记本写东西，仍是不时地往墨白的贴吧里扔几段话，但现在耳机里都成了沈菠萝的声音，美其名曰检验训练成果。哼，死黄丫！我对着键盘敲敲打打，有时候写写稿子，怀念一下从前，畅想一下未来，身边放个录音笔，里面有沈菠萝的四千三百八十七条录音，而此刻的沈菠萝在我身旁练声练得嗓子冒烟，现在的她根本不再需要我吐血地纠正平舌音、鼻音、卷舌音，一口流利的普通话在时光的打磨里熠熠生辉。

突发奇想，我点开了录音笔里的第一条录音："大家好，俺是沈菠萝，俺不想回到那个小村子里了，俺不要当野娃子，俺要走得更远一些，俺要向殷越洋证明，俺可以！"沈菠萝的脸红了，但眉眼却是弯的。或许在这些日子的坚持里，我们都懂得了做这些不是为了证明给谁看，只是为了遇见更好的自己。我们痛并快乐地享受着这个蜕变的过程，想真心地和自己说声谢谢。

如果我可以

高三，真的很苦，我和沈菠萝与数不尽的卷子打着持久战、游击战，那些本来痛苦的坚持成了高三生活里唯一的放松和慰藉。所幸，我们都是这场战役里的幸存者，不，是胜利者。

九月，浙大要比浙传迟开学一个星期，我被沈菠萝拉着当苦力，闲晃，迎新，找好吃的以及社团招新，在心里深深地为这个城市折服。一眨眼的工夫，沈菠萝就不见了，以我对她的了解，果然，广播站的大牌前我找到了两眼放凶光的沈菠萝。

沈菠萝跳过了初试，直接进录音间里面试，我望着里面一身碎花裙、长发披肩、满脸自信的小美女，长长的岁月里，她用有限的时间为自己创造了无尽的未来，她也扭头透过玻璃看着我，在对方的瞳孔里，我们看到了一样的装扮，一样的发型，一样的自信，以及一样的嘴角上扬。

沈菠萝出色流利地回答着问题，有人推门进来，坐到了面试区最中间的那个椅子上，他看着沈菠萝，也转头看了看我,眼里的流光溢彩怎么都忽视不了。清清嗓子,他开麦,"沈菠萝,最后一个问题,你为什么要到这里呢?"

沈菠萝也笑:"如果没有你,我会是我自己,但既然有了你,我就要成为更好的自己,只为说一句,我可以!"录音间里的空气有一刹那的静止,只剩下了电流声,人们反应过来,开始抓住机会死命地调侃他们的广播站站长。我看着红着脸低着头的沈菠萝,又看着盯着沈菠萝不放却满脸笑意的殷越洋,感叹一句大概故事还长。我抓着震动的手机走出了门,把空间留给他们吧,手机屏幕上是最新一期的杂志过稿名单……

彩纸飞机飞过的冬天

夏南年

1

初冬的天气已经很寒冷了,唐佳允围着厚厚的毛线围巾,不停地往手上呵着热气。

刚走到教室门口,就听到了同桌苏甜的叫声:"佳允,快过来,读者来信哦。"

"什么东西?"唐佳允一头雾水地看着苏甜手里的彩纸飞机。是用天蓝色的纸叠成的,机翼宽阔,看起来能飞很远的样子。唐佳允放下书包,接过彩纸飞机,才看到上面龙飞凤舞的一行圆珠笔字:唐佳允,我很喜欢你发在榕树下文学网站上的文章。这只纸飞机送给你,希望你能亲手将它放飞,像放飞自己的梦想一样。加油!

唐佳允把彩纸飞机翻来覆去地看了几遍也没找到署名，有点儿郁闷地问苏甜："你知道是谁送的吗？"

"不知道，一大早就放在你座位上了，不过一切皆为可能，可能是他，也可能是他……"

"好啦好啦，怎么可能嘛，"唐佳允打断正在乱指一通的苏甜，"是好姐妹的话，就帮我认真想想最有可能送这架彩纸飞机的人。"

唐佳允喜欢写文章的事情，除了苏甜，这个班里她还没有告诉过第二个人，一是因为她性格内向，基本上只跟唯一的好朋友苏甜说话，二是因为她不太自信，觉得即使是自己费尽心思写的文章，也不会得到别人的赞美，但即便是这样，她的梦想还是当一个能创造出很受欢迎的儿童文学作品的人。

可是现在……唐佳允望着手中天蓝色的彩纸飞机，心里涌动起一抹欣喜的甜蜜，不管送这架飞机的人是谁，又是出于什么目的，唐佳允的嘴角都不由自主地扬了起来，像是一团欢腾在寒冬里的小火焰，充满了阳光和力量。

时间还早，唐佳允跑到学校的顶楼，趁着风来时将彩纸飞机扔了出去，看着它像是一只蓝色的蝴蝶，在风里飞舞摇曳。

唐佳允刚回到座位上，苏甜便一脸兴奋地把头探了过来。"你刚才去哪了？哎，我觉得飞机上的字只有男生才写得出，刚刚我认真搜索了一遍班里的人，班长苏临安最有可能。"

"班长？"唐佳允下意识地回头望向苏临安的座位，正巧碰上了他的目光，如果唐佳允没有看错的话，苏临安还冲她笑了笑。

"不可能不可能，"唐佳允赶紧收回自己的目光，"班长可是我们班的大才子，怎么可能看上我这种无名小辈的文章，"说到这里，唐佳允突然想起来什么似的杏目圆睁，"甜甜，我喜欢写文章的事情只有你一个人知道，是不是你把它露出去的？"

"天地良心，我没有……"苏甜刚准备做出一脸冤枉的表情，语文老师兼班主任便拿着一打作文纸走上了讲台，一片叫苦连天的声音中，老师在黑板上写下了作文题目——《梦有日光》。

2

第二天的作文讲评课上，班主任找出的范文破天荒不是班长苏临安的。

苏临安是学校的大才子，在一些杂志上刊登过文章，另外，和唐佳允不同的是，他的家长非常支持他写作。虽说背地里有人带着酸溜溜的嫉妒说七尺男儿不该成天舞文弄墨，但苏临安还是独霸了学校的才子宝座。

在他的心里，文学就像是一座神秘的城堡，让他忍不住推开那扇大门，沉浸在灯火辉煌的景象里。但他心里是孤单的，像一只色彩斑斓的风筝独占了整个湛蓝的天空般，因为身边没有和他有共同爱好的人。

他曾幻想过有一个人和他畅谈诗词、某本书的意境或是某篇文章精妙的文笔，所以当班主任说出范文的时候，没有听到他的名字反而让他暗暗为之欣喜。

"文章应该以情为主线，好的文章之所以动人是因为融入了作者的感情在里面。当然了，文笔也是很重要的一点，有了优美、细腻的刻画才能深入人心。昨天的作文里，我们班唐佳允同学的文章则将这两点展现得淋漓尽致……"班主任口若悬河，说得津津有味，底下有的同学却昏昏欲睡，于是班主任决定说点课堂之外的内容。

"这次市创新作文的比赛，每个班仅限一个参赛选手……"

"这还用说吗？班长大人在此，冠军非他莫属。"班里多嘴的人接道。

"我让你说话了吗？"班主任不满地瞪了他一眼，接着说，"这次比赛的要求是文笔精致优美，能像溪水般缓缓流入别人的心田。我看了你们这几次的作文，决定让唐佳允同学代表我们班参加比赛，我觉得她的文字更符合这次比赛的要求。"

班主任的话音一落，全班哗然，唐佳允更是惊讶，但心里像被四月里的清风拂过一般，盈满了桃花和栀子花的香气，灿若春光。

苏甜小声地跟她咬耳朵："看吧，默默无闻的丑小鸭终于通过自己的努力被伯乐相中了。"

但没等苏甜的话说完，班里又响起了议论声。

"唐佳允的实力比班长强吗？这可是关系到班级和学校荣誉的事情。"不知道是谁起了这样的头。

"是啊，唐佳允的文章怎么可能比得过苏临安？"

"这也未必，可是我们很少看到她的文章啊，她真的喜欢写吗？"

"……"

各种各样纷杂的话语传进了唐佳允的耳朵，她的心情突然转成了现在室外的温度。

下课铃响以后，苏临安的目光穿过人群停留在低垂着眼睑的唐佳允身上，脑海中闪过临下课前班主任读完的她的作文。唐佳允自始至终没有向别人坦露她的梦想，文笔却美得惊人。

真的像她写的那样，梦想于她像是六月里的海水和六点钟的朝霞，它暗藏在心底变成一个不能说的秘密，却一直盈满天光。

下午时阴沉的天终于放晴了，蜂蜜色的阳光涂抹了整个大地，每走一步都像是踏进了阳光做成的漩涡里。

唐佳允在广玉兰树下坐了很久，反复权衡着比赛的利弊。

这种比赛每年都有，参加的都是市里的精英，获奖的文章还会出版成集。她真的很想去尝试一次，看看自己的实力，但她想起父母谈"写"色变的反对和如果失败的结果……

重心一点点朝苏临安那边倒去，看得出班长也喜爱写作，他去也许更合适。

下了这样的决心后，唐佳允往教室走去，准备课间的时候找班主任说明情况。没想到刚走进班级，便看见自己座位上放着一架和昨天一样的彩纸飞机。

今天的是水红色的，散发着淡淡的温暖的颜色，唐佳允摘下手套，细细地看上面的字：唐佳允，相信自己，比赛加油！你的文笔真的很好。

唐佳允望着彩纸飞机微微地发愣，苏甜看到了，大着嗓门说："天啊，佳允你有了一个执着的支持者了。"

正巧苏临安经过这里，苏甜像是发现了新大陆似的一下挡住了他问道："佳允收到的彩纸飞机，是不是你写的字？"

苏临安被苏甜吓了一跳，急忙摆手道："不是不是，我的作业本在位置上，不信你去对对字迹。"

苏甜在证据面前显得有些扫兴，她不甘心地对唐佳允说："我怎么想都觉得应该是班长做的，怎么可能不是他呢？"

唐佳允无精打采地说："都看过了，而且班长怎么会觉得我的文笔好呢？"唐佳允的声音蔫蔫的，原本她和苏甜一样觉得苏临安的可能性很大，只是没有说出来而已，是凭着女生的直觉判断的。

而她心里也最希望是苏临安写的。唐佳允觉得自己现在最需要的是支持她的人，如果是苏临安认可自己该多好，文章被大才子赞扬，也许她就可以毫无顾忌地认真准备比赛了。

3

参赛要提前交一张资料表，那张表就夹在唐佳允的语文书里，上面一片空白。昨天她纠结了很久也没鼓足勇气去找班主任，她打心底里还是想去比赛的。

冬天的清晨有大雾弥漫，唐佳允一边想着心事，一边慢慢地朝学校走着。

"呼"的一下，一架彩纸飞机突然从她的身后飞了出来，像只蝴蝶般落在了她面前的地上。

身后有个拐弯的巷子，等唐佳允拾起彩纸飞机往回追时，巷子空荡荡的，那个人早就没有了踪影。

唐佳允郁闷地抹了把额头上细密的汗，认真地看起彩纸飞机。织着愿望树的围巾衬得她像一棵冬日里的小白杨。

这次是丁香紫的飞机，还是那种字体：唐佳允，昨天无意中听到你和苏甜的对话了，你对自己很没信心是吗？不过你的文章真的很好，既然努力了，为什么不相信自己呢？PS：如果你把参赛表填好交给班主任，我就让你知道我是谁好吗？你一定很好奇。

　　从内容看来，是跟自己同班的人，唐佳允的脑海中浮现出一个又一个男生的样子，最后还是皱了皱眉头，打消了猜测的念头。

　　不过唐佳允终于还是下了参加比赛的决心，不知道是不是因为彩纸飞机上的鼓励，她好像有点明白了，梦想是每个人都会有的东西，大胆去追逐就好了，即使不能实现也没有人会嘲笑自己。

　　当唐佳允看到第四架彩纸飞机安静地在桌子上等待着自己的时候，突然觉得自己并不是那么迫切地想知道他是谁了，但苏甜显然比她这个当事人更好奇。

　　淡绿色的彩纸飞机上写道，学校后门的广玉兰树，放学后不见不散。后面还有一个大大的笑脸。

4

　　"班长？"

　　"苏临安？"

　　转过教学楼，当视线能不受遮挡望到学校后门的广玉兰树时，唐佳允和苏甜同时叫道。

"怎么是你啊？"没等苏临安开口，苏甜抢先一步上前质问道。

苏临安的脸红了一下："为什么不能是我？"

"不是对过字迹不是你吗？你小子到底在搞什么名堂啊？"苏甜不满地大叫。

"嗯，一开始不想让你们知道，又怕被你们猜出来，就找邻班的哥们儿代笔喽。"苏临安笑得一脸灿烂。

"对了，知道你写文章的事情是因为有次上电脑课，我看到了你在榕树下的主页，上面显示你写了不少的文章，回家就搜索了一下，结果终于碰到了让我感到相形见绌的美文。"苏临安转过头，对一直默不作声的唐佳允说。

"嗯……"唐佳允愣了一下，有点儿不好意思，"你叠的彩纸飞机很漂亮。"

"那是，我叠飞机的功夫可是一流的。"苏临安显然没有料到唐佳允会提这个，愣了一下后哈哈大笑道。

已经是黄昏了，天边铺卷下一层玫瑰红的晚霞，大片大片的火烧云映着光芒，像少男少女怀着梦想的一颗炽热的心。

"我们去天台上放纸飞机吧，我的书包里有一本彩纸。"苏甜提议。

于是三个人爬上了寒风凛冽的天台，在离天空很近的地方，手中的彩纸飞机肆意飞翔在风里。

"以后我们可以经常在一起讨论文章,如果可以的话,班长要把我的文章登在校刊上哦。"唐佳允放飞了一只白色的纸飞机,纯净的白色像此刻的她一样,打开了心结,再不会被细碎的心情阻挡通往梦想的路了。

唐佳允终于明白,不敢让别人知道自己的梦想,跟有没有人支持她无关,是她自己太不自信了。

"嗯,没问题。"苏临安爽快地说。

"呼呼呼……"又一阵风来了,三个人叠的彩纸飞机一下子全飞上了天空,也飞过了这个温暖的冬天。

温柔的声音扶风而过

落　篱

每次去小鱼家,只要我帮忙做上一丁点儿的家务,小鱼妈妈就会不停地夸我"懂事""勤快"。她还当着我的面数落小鱼,说她好吃懒做,不学好。她一不在家,小鱼就跟住垃圾堆似的,不懂得整理收拾。

小鱼听了从不还嘴。遇到这种情况,她只要撒撒娇,卖卖萌,她妈妈就不再生气了。末了她还会捏一把小鱼肉嘟嘟的小脸,亲上一口。

每当看到她们母女亲密无间的温馨画面,我总忍不住一边发自内心地羡慕,一边又黯然神伤。

这并不是说我和妈妈感情不好,只是我们相处的时间很少。我妈妈很忙,每天早出晚归。早上,我睡眼蒙眬地起来上学的时候,发现她已经下田地里干活去了。晚上,等她精疲力竭回到家时,我已经写完作业躺在床上睡着了。日复一日，我们之间的交谈几乎为零。

自从我爸爸卧病在床后，我妈妈一个人耕地种地，赚钱养家，一天干好几份活儿。我哥哥又不争气，还没读完初中就主动辍学了。不读书后的他，也不去找工作，交了很多狐朋狗友，整天就知道在外面鬼混，游手好闲。

从六岁开始，我就学会了烧火做饭、洗全家人的衣服、帮父亲煎药换药。九岁时，我能把自己家菜园里的菜摘了，独自挑到市场上去卖，然后再用卖菜得来的钱去买油盐、面粉等食品回家。

生活的困难让我从小就知道钱来之不易，所以我从没乱花过一分钱。平时和小鱼去逛超市，我都只看不买。小鱼就会难以置信地问我："篱篱，你真的没有需要买的东西吗？"

"嗯。"我总是这样淡定地回答她。小鱼以为，我能抵得住各类打折商品的诱惑，在她眼里，简直就是神一样的存在。因为她每次去超市，看到什么都想买。吃的穿的用的堆满推车，那架势就好像超市是她家开的一样。

小鱼和我不一样，她生活富裕，父母做木材生意，是大老板。她生下来就是公主，养尊处优。她没为钱发过愁，想要的东西都能轻易地得到。我表面上觉得没什么好在意的，其实心里却常常陷于焦虑与纠结之中。

有一次，我在超市里看中一个粉红色的书包，是我心仪很久的那款。我的第一反应就是，很想把挂在书包背面的标签翻过来先看价格。但是由于当时小鱼就站在旁边看着，我就没有那样做。我怕看完标价之后，放下它不买，小鱼会觉得我是买不起。

我不知道自己为什么会有这种心理。本来很稀松平常的一件事，到了我身上，就会变得很沉重很难堪。小鱼根本无暇顾及这些小细节，她不会这么无聊，但我就是很敏感。而且，就算小鱼知道"我很喜欢那个书包，但是因为太贵了买不起"这件事，又有什么关系呢？

初三快要中考的那段时间，小鱼天天闹着要来我家找我一起复习功课。我不想让她来家里，就找各种理由搪塞她。一方面我是怕她笑话，另一方面，我没有独立的房间。

我家有三间瓦房，我父母住一间，我哥一间，最外一间是厨房兼仓库。而我呢，住在爷爷过世之前住的铁棚里，几平方米的地方，只够放一张单人床和一张三十厘米宽的小桌子。如果小鱼来，里面连添张板凳坐的地儿都没有。

一直以来，我写作业都是伏在床上写的。以至于现在，我走起路来都有点儿驼背了。

但小鱼很固执。最后，她还是自己找上门来了。当时我在劈柴给我爸烧热水洗澡，脸被黑烟熏得脏乎乎的，头发凌乱。大黄狗栖身树下，看到有生人，汪汪地叫个不停。

我一眼望过去，看到小鱼，顿时吓了一跳。手一抖，"咔"的一声，锋利的刀刃差点儿没把锅盖劈成两半。

站在门口不敢走进来的小鱼，穿着一件娃娃领的白色连衣裙，背着灰棕色的单肩包，打着太阳伞，清新脱俗得像是从另外一个世界来的。

我家的猪圈里，几只猪仔忍不住饥饿跳出栅栏，四处乱冲乱撞，快要下蛋的老母鸡也不安分地拍打着翅膀，把身上和地上的灰尘扬得满天飞。小鱼大惊失色，尖叫着往后退了好几步。我灰头土脸狼狈不堪地看着她，脑袋嗡嗡作响。

就在我们四目相对的这个瞬间，我突然为自己窘迫的处境难过地红了眼睛。

路遥在《平凡的世界》里写道：命运总是不如人愿，但往往是在无数的痛苦中，在重重的矛盾和艰辛中，才使人成熟起来。可是，我就跟小说里的孙少平一样，因贫穷而自卑，因自卑而敏感，因敏感而脆弱。

知道我家庭境况后，我不清楚小鱼会做何感想。她会嫌弃我吗？会在心底偷偷嘲笑我吗？从此以后，她对待我的方式会不会就不一样了呢？我如坐针毡，没等小鱼自己表示，我就迫不及待地疏远了她。

每个班里都有一个贫困生名额，助学金有三千元。如果得到这三千块钱，我明年的学费就不用愁了，剩下的钱还能帮妈妈还点儿高利贷呢。但是我不好意思申请。全班六十六人，我要自告奋勇地站起来说，自己家是最穷的，接着当着所有同学的面，把具体情况一五一十地说出来。这样让人自揭伤疤的事，我做不到……

小鱼的舅舅是我的班主任。哦，对了，我和小鱼不在一个班上，我在五班，她在七班。有一天上完课，班主任叫住我，他轻轻地拍一下我的肩膀，递给我一张申请表："你尽快把主要信息填一填，明天拿去办公室交给年级主任。"

我一时没反应过来，呆若木鸡。

毋庸置疑，私底下，小鱼肯定跟她舅舅提了我的事。

那个下午，我难以抑制心中的感动，热泪盈眶地给小鱼写了一张纸条，虽然只有一行字：小鱼，谢谢你默默地帮助我。

女汉子，走四方

小眼鱼子

当失恋的伤口还没完全愈合，撞见隔壁大肥妞儿拉着一个小鲜肉的手嗲声嗲气地"讨厌"来"讨厌"去的时候，整个人就都不好了。

理发店，金发帅哥笑得睁一只眼闭一只眼，我听见"嚓嚓嚓"手起刀落的声音后，镜子里我齐肩的学生头不幸变成更短的萝卜头，我终于发出杀猪似的号叫。

我想我这辈子大概是再也不会走进这家理发店了。理发师用一种可怜又天真的眼神望着镜子里已经心惊肉跳到泪眼蒙蒙的我那一刻，我努力告诉自己，要心诚，气息沉潜，深呼吸，不然眼皮会抖，杀人会不眨眼，后果必将很难看。

于是，当我顶着一头伸手就可以碰到后脑勺的汉子发型走出店门，那感觉就跟修炼成仙的道士出山一样。我用《做头》里关之琳一句台词不断安慰自己：怎么连头都不做，这日子真是过到头了，跟自暴自弃有什么两样？可是当宿舍所有人都以为有人认错宿舍门的时候，她们抬起头，静默两秒后发出一浪高过一浪放荡不羁的笑声。我就恨不得以后出门都蒙个被子，在头上贴上几个大字"不要看我"。本来平时在穿衣搭配颜色协调方面就缺根筋的我，真真正正沦为一枚汉子，配上在开学前为自己专门打造的波波头的变形版发型，我的整个人生像是绕了弯一夜回到小时候假小子的模样，就是稍稍显老了些。

照相的时候，我总是拍摄的那个，在某个风和日丽的早晨只有长发妹子才能拍出那种小清新范儿，在我这里短发怎么搔首弄姿都会让人忍不住喷饭大笑。陪闺密逛街，总有几款裙子是以前心心念念要买的，如今好不容易等到清仓大甩卖，竟然只能对着橱窗里汉子的倒影一笑而过。在人潮人涌的饭堂门口，在部门联谊的咖啡馆里，在新生见面会上，最引人注目不过还是女生们一头乌黑闪亮自然披落下来的秀发，像黑色的锦缎一样光滑柔软，偶尔别上个蝴蝶结，蓬松的刘海儿垂挂在前额上，那是叫太阳的光芒都要妒忌的，男生们的眼神便直接绕过我，落在我的各个舍友身上。有那么一刻，心里头是恨不得把那个该死的理发师碎尸万段，汉子的春天就这么一下子冷成了冬天。

后来，在路上被人惊呼N次：这是肥姐啊！你怎么剪了个这么短的头发！你想不开吗？失恋了吗？类似的感叹句、疑问句无限循环，从里到外，从近到远之后，我把我肥姐的形象在大众的齐刷刷的目光下重新刷新了一遍：嗯！你没看错，这就是我，陈小鱼，我没有失恋，我很好。当然，我肯定不会出卖自己那点可怜的智商，告诉他们其实这些都是因为我口齿不清没和理发师沟通好，因为我近视干脆闭上眼睛把一顶本来不太像样的头发交给了一个审美观严重缺失的理发师。一段时间后，在四面八方的眼神和问候下，我终究练就了一颗强大的心脏，以至于有人再次拿我当乐子的时候，我不会再没出息一副被人抢劫的落魄模样，不知哪里冒出来的自信挤出嫣然一笑：怎么样，是不是觉得姐现在特有范儿！

我相信，每个女孩儿都是上帝派来折磨自己头发的恶魔。她们从不间断光临理发店的脚步，特别是当某团和某某点评成为手机必备的软件之后，某天轻轻一登，便能刷到某某家理发店19.9元的洗剪吹或者天天都是"最后一天"大优惠的什么秀发套餐。然后，她们每次都是抱着一种期待又无比忐忑的心情盯着镜子里的自己几个小时，慢慢看自己的头发由多到少，由纯黑到五颜六色。这个过程好比抱着希望熬一锅汤，慢火细熬之后恰到火候的鲜美靓汤总是让人心动不已，而一旦同样的价钱做出来的汤难喝到不行，便觉得所有投入的时间精力成本付诸东流，甚至还有一种情绪，气急攻心，怒火会在胸膛急剧燃烧。可是，又怎么样呢？

我问自己，怎么办？总不能躲在宿舍不出门吧，总不能逢人一副窦娥冤的表情吧？生活还要继续，该面对的还是要面对，既然很多事情由不得自己掌控，那么就改变自己的心态。这跟你准备了许久的六级别人一次性就考过，跟你心情很嗨地走在路上突然头上滴落鸟屎，跟你难得出来外拍却发现模特是个大粗腿水桶腰的妹子一样，各种心情巴拉巴拉在心里过了一遍后，OK，做人最后还是要懂得自嘲的。

若你真走不过一个坎，就找一种舒服的方式让自己活得更有劲些。Believe it or not（信不信由你），选择了做一个女汉子，在最难为情的时候给自己找条逃跑的路。

学校的迎新晚会上，我报名参与了人员选拔，出于对身高、长相各方面的考虑，编排老师让我穿上男生的衣服围着一大堆女生跳Nobody。我演得很认真，结果整个节目下来同学们齐齐刷屏打听要我的短号。那种被人仰慕的感觉现在想起来还真的有点儿小激动。有次被女神闺密放了鸽子后，摄影师瞅了我好久，说，不然我来帮你拍个写真吧，于是，我便成了傍晚灰暗天空下一个孤单落寞的卖火柴的小男孩儿，据说这组摄影作品最后还拿了奖。估计我本身就有一种搞笑的气质在，女汉子成了我日后孤单、寂寞、缺爱、冷的时候一种骄傲的存在。以前从不敢戴的帽子如今配上这顶短发相得益彰，许久之前压箱底的那些哈伦裤，休闲骷髅衣重见天日，倒也很适合现在的我。一身精心打扮出门后,再也没有那些奇奇怪怪的眼神:肥姐这身打扮不错哦!很帅很赞!……

然后,我就这样,静静等待着我的头发一根一根慢慢长。

然后,我就这样,静静地按照自己的方式愉快生活,追求梦想。

不卑不亢,不急不躁。

当你以为生活已经开始越发没趣的时候,这正是你应该为现状打吊针注鸡血的时候。世界那么大,只是你缺少一种发现美的眼睛。

再不行,做个女汉子如何?走四方,路迢迢。

待我长发及腰,姐依旧是个有范儿的青年。

就是这种小孩子

谢雨柯

一直觉得自己是一个别人有时候会觉得很优秀,但其实非常奇怪、不太讨喜的小孩子。

1. 是认真上进,沉迷学习的好孩子

学习成绩很好。
嗯,非常好。
宇宙无敌之好。
……别打我,别打我!
好啦,其实班级第一的我,考试前也会害怕,拼命复习,把没背熟的地方恶补,因为怕这一次就不是第一了啊,从云端跌落谷底的感觉一点儿都不想体会呢。因此,只能一直努力保持这个名次,但其实也蛮险的。尤其是地

理,简直是一道过不去的坎。

地理老师年纪大、语速慢,课上催眠功力极强。好在我初一暑假下定了要考上浙大的决心后,初二以来每节课都努力听进去,于是强撑着并未睡着。奈何老先生的教学方式着实新颖独特,不划重点而是把课本内容过一遍后就教我们唱歌,比如学北方地区时唱《我的家在东北》,还要求我们把歌词背下来,我的内心是拒绝及崩溃的……

这就导致了半个学期下来,课本上空空如也没有任何笔记(我能怎么办我也很绝望呀)。然后新老师翻了翻我们的课本,也是十分震惊。

是的没错,重点是地理课换老师了!这就意味着我身为总分年级第二、被第一甩了十分的地理成绩有救了!哈哈哈!

新老师特别好,啦啦啦,笔记做了很多,划的重点也有时间背,不慌不忙。

还是一如既往地努力啦,安静地做一个宠辱不惊的学霸,坚持着自己的坚持。谁叫我是对于自己不擅长的学科也那么认真的孩子呢。

可是啊可是,就因为学习好,在很多家长眼里便似乎全是优点了。其实不是那样的啊,他们家小孩儿的闪光点,他们根本没有发现,而是仅凭成绩一个劲儿地嫌弃。

此刻"没有被发现闪光点"的同学们听到这话翻翻白眼鄙视我,站着说话不腰疼。

2. 是没有礼貌，性格别扭的坏孩子

说起没有礼貌，我自己也能很清楚地意识到——确实是很没有礼貌啊！

比如在自家楼下碰到邻居叔叔阿姨，都要犹豫好久才决定要不要叫"叔叔好"或者"阿姨好"。明明是那么简单的事情，却偏偏就是不敢做。后来呢，就干脆每次都不叫了……

虽然每次事后都会后悔不已，明明在第一时间打声招呼就好了啊，在想些什么呢？有些时候叔叔阿姨主动向我打招呼，我也只是回一个"嗯"和在别人看来可能有些冷淡的微笑。

似乎习惯了这样。这样真的不太好吧，叔叔阿姨们闲聊时应该总会提到我那么一两次，对我的共同印象中应该总有一个是"这孩子没什么礼貌呢"。爸妈也不止一次埋怨过我嘴怎么一点儿都不甜呢。在路上碰到老师，如果对方一时没有看到我，便下意识地绕路走，不像其他同学那样能够很自然大方地打招呼。

我也不是很会为别人着想。

初一夏天，课间，我准备去小卖部买水，不算非常熟的女生同学徐递给我一元钱，问能不能帮她带一瓶。我没有多问原因，心想可能是太热了懒得走吧。

然后我买了两瓶冰水，把其中一瓶给了她。徐的神情有点儿尴尬，但还是没说什么。我不明所以，同桌看在眼里，把我拉到一旁，轻声责备我："徐是让你帮她买水吧？你看她今天整个上午都坐在座位上没有动啊，很有可能是来'亲戚'了。你还给她买冰水。"

我愣了一下，才反应过来。原来是这样啊。呃，要不要跟她道歉说明一下自己不知道呢？那样似乎更尴尬……

不知道为什么，我一直以来都把向别人道歉当作是一件很尴尬、很没有面子的事情。对于狮子座的青春少女来说，面子多重要啊。所以我几乎从来没有向别人道过歉，比如走在路上不小心撞到别人这种事，竟也只是在心里反复地说着"对不起，对不起"。心意是很真诚的啦，然而每次都好想打自己：你直接说出来会死吗？等到我自我埋怨的时候，人家早就已经走远了……

于是最终还是没有和徐说什么，下一节课间再给她买一瓶做补偿的打算也因老师拖堂而不了了之。后来我们也没有什么交流。

虽然一直到现在我都感觉挺歉疚来着……

3. 是温和安静，偶尔善良的好孩子

其实有的时候，确实感觉自己毫无优点。可是朋友们说我的优点很多啊，我自己怎么都没注意到呢？

同学录中，她们写道："你是一个很善良的女孩子""第一印象感觉很文静，像学霸""发型像动漫人物一样，性格单纯呆萌""有的时候太温柔了，而且力气好小啊"……

看着夸我善良的话，心中有那么点儿小窃喜。自己的心有时候的确会很柔软，也容易被治愈和感动。喜欢小动物和同情弱者的女孩子总不会太坏吧，嗯，我就是。

文静什么的……我是热情大方的狮子座啊，我以为自己很开朗来着。从小到大被说文静，想撞墙。咦，不过像学霸这点我承认……呸呸呸，什么像，本来就是嘛！

哈哈哈！发型像动漫是因为我很喜欢动漫啊。单纯萌没错，哪里呆了……温柔这个词，虽然自己感觉不像是适合用来形容我的，不过好歹是个褒义词吧？不错不错。力气好小……对啊，每次我和她们玩掰手腕都比不过。

好吧，重新看了一下前面几段，发现我还有一个优点叫自信。不是自恋哦，认真脸。

4. 是心理阴暗，胡思乱想的坏孩子

那是从小学的时候开始的吧。我经常在想，明明我生活的环境挺好的，也没有什么阴影，为什么会这样呢？

那些时候总觉得自己没有朋友。

体育课自由活动，女生们各自聚成小团体，而我总是

怯生生地不敢加入她们，一个人绞着手指默默盼着下课。课间有女生买来辣条在座位上吃，分了几根给我身边的同学们，却似乎唯独略过了我。我只能咬着下唇，眼巴巴地看着她们吃。父母是不允许我买这种"垃圾食品"的，而她们却可以，这使我羡慕不已。

于是那种小小的羡慕竟默默扩散，转化为一个人心中的嫉妒，完全不会表现出来，却深埋心底。

那种沉默、自我而病态的孤独感，究竟是从何而来的呢？一些并不难发现的关键，当年怎么就没有注意到呢。比如大家聚在一起玩，你一个人在旁边，谁会注意到你？自己那么没有勇气，笑嘻嘻地向同学讨根辣条都不敢，明明什么都没表现出来却反复在心里埋怨："怎么给她们就不给我啊，是不是故意针对我啊？"

真是莫名其妙的阴谋论和心理阴暗啊。其实都是那么小的孩子，哪会那么留意别人的孤独呢？

可当我开始渐渐明白这些后，已经过了很久很久了。

不过也不算晚。

5. 是在努力想要改变自己的乖孩子

我在检讨自己的各种缺点。

有些时候很任性、太自我；不懂尊师敬长，不懂礼仪谦让；从来不肯承认自己的错误，哪怕心里清楚；容易把别人往坏处想……

其实这些，我都明白的。

我是一个贪心的人，希望在意的人能够在乎我，不在意的人也能够在乎我。其实呢，只是希望而不能让自己变得更好的话，那这种希望也不可能实现啊。

于是就尝试着改变吧。

6. 谢谢你们愿意宠爱着我

不知道你们会不会暗地里不止一次地嫌弃我、议论我的这些缺点呢？还是觉得我优点要比缺点多呢？

这样的我，现在还是有朋友的啊。可以骄傲地说，很少，却都很好。

也有讨厌的人，但我因自己比她快乐而得意。因为我有你们，所以她根本比不过我。

谢谢你们呀，真的很感谢。我有时幼稚得像个小孩子一般，你们却不会在意那些，而是选择和我一起疯、一起闹。你们看到我那么多的好，而我也会让那些缺点不再存在。

从现在开始，我将会让你们看到一个不一样的我，一个让所有认识的人都会喜欢的孩子。

一只高三 Dog 的病历报告

水 四

在暑假我还有时间看古文的时候,很喜欢里面一款叫作"思君令人老"的毒药,当时我就想,这么棒的诗句,以后一定要仿写一句放到我的文章里。

时隔多月,我终于实现了我的理想,将其成功仿写并应用于此篇文章。如果你一定要知道我仿写的结果,我只能告诉你我觉得它虽然没有半点儿文采和美感可言,但是十分切合我鲜明的文题。

高三使我病。

班主任实行十万伏特的高压政策,每天以堆为计量单位的作业让我恨不得把六十秒掰成六十分钟来用。父母、亲戚的期盼眼神,就差明晃晃地写上"我们殷切地希望你成为下一个北大学子"。

"天将降大任于我也,必先苦我心志,劳我筋骨,饿我体肤"嘛，这种时候，就是对我的心态和自我排遣能力的考验了，没啥好说的，有病痛就病，没有病痛制造病痛也要病，货真价实不带掺水的那种。

1. 牙龈性发烧

据我阅尽无数诊所医师的经验，所谓肠胃性感冒，通俗来讲就是吃坏肚子引起的感冒，似乎还有一个比较文艺的说法叫作轻度食物中毒。而所谓病毒性感冒就是流感病毒引起的感冒，于是乎顾名思义，由牙龈发炎引起的发烧，也是可以叫作牙龈性发烧的，对吧？

这件事还要从一碗清汤面说起，曾经有一碗真挚的清汤面摆在我面前……然后我很嫌弃。

与其让我吃一碗味道寡淡、汤面上仅漂浮着几两青色葱花的面条，还不如直接给我一榔头来得痛快啊！喂，吃面怎么能没有辣椒酱？！面对这样一碗面感觉连人生都变得黯淡无光，这简直跟羊村失去了喜羊羊、光头强没有了电锯一样混乱不堪。

于是我为了这个世界的和平与安宁，为了见到明天美丽的朝阳和晚霞，毅然决然地往面里加了三大勺老干妈，加得那面直泛红油，一股子火辣热烈青春正好的朝气奔腾而出。

结果嘛，面条实在太热情，辣酱也很给力，第二天早上起床我的牙龈就肿起来了，疼得哇哇的，泪珠直挂在眼角瞎晃悠。难怪有人说，牙痛不是病，痛起来要人命啊。

因为嘴馋乱吃东西而导致上火再导致牙龈肿大，其实对我来说也不是第一次了，然而我没有料到的是，这一次敌人来势汹汹，在牙龈肿大的基础上居然又新进化了一项牙龈发炎。

对此浑然不觉的我还肿着腮帮子和死党们去冷饮店喝了一杯苏打冰茶，透心凉、心飞扬的茶水直接刺激到了牙龈那堪比林黛玉的娇弱身躯，于是乎它就这样被冰茶击倒了，连带着我也被病魔击倒了。

在盛夏里穿着两件长袖还冷得时不时一个哆嗦的我奄奄一息地被老妈带去看病，医生量完体温就明晃晃地写着一脸的"你家孩子病得不轻"，做诚恳状建议老妈给我干脆利落地来一针。老妈则脸色颇为严峻地看着我直点头，无视了我噙着泪花的小眼神。打针的过程我就不详细描述了，无非就是撕心裂肺地干号和惨叫声贯穿了整个过程，说来实在丢脸。

算算时间，前后不过三天，"清汤面"同志就成功地报复了我对它的歧视，血与泪的教训啊。所以说，挑食的后果岂止是惨烈，那是惨烈的N次方啊。

在老妈"霸权主义"的制裁下，我不得已实行"闭嘴锁喉"政策，把那些辣条啊辣块之类的爱好禁得一干二净，发炎了的喉咙才终于肯放过我。可惜喉咙肯放过我，考试却不愿意同情我这个病号，轰轰烈烈的一场月考雪上加霜又落井下石，让我凄凄惨惨戚戚地拖着病体去哀悼惨遭滑铁卢的月考成绩。

真个是，病来如山倒，病去如抽丝。大病人初愈，月考进行时。

2. 熬夜性感冒

纵使我的体质一向不是特别好，半夜一点睡，第二天早晨六点半起床也还是可以活蹦乱跳的，然而不知道是不是刚刚大病一场的缘故，我不过是因为赶一篇稿子而稍稍熬了个夜，第二天就开始头痛不已。

头痛持续了两天，折腾得我整个人昏昏沉沉不知老师上课所云，最后为求提神醒脑，我把家里的双飞人打包带去了学校。一旦略有不适感我就倒一大堆药液开始涂抹太阳穴和耳后，你们明白的，就算涂上去没有丝毫效果，也觉得涂了之后会心安，就像买了练习册明明不会去做还是愿意买回来囤着。

然而这行为直接导致我前后左右的同学们走出教室时身上都带着一股清新袭人的薄荷味，小A说她颇有一种腊肉被迫熏香的感觉，我只好安慰她，就算她变成猪，也是味道还不错的猪。

在此种情境下，我一度以为自己应该去做个脑部CT，再来个开颅手术什么的，检查一下有没有肿瘤之类的玩意儿横亘在脑子里。甚至怀疑过是不是自己高三不注意补充睡眠产生的过度疲劳，还蛮担心过会不会过劳死。然而最后的结果是出人意料的，我在强撑着身体的不适争分夺秒地利用高三星期日下午看电视的时间顺手量了个体温才知道，原来自以为的不治之症，其实只是因为一直在发低烧啊——37℃。

当时我的内心是十分崩溃的，敢情自己已经蠢到连发烧都能无感。连发了三天的低烧不自知也就算了，居然还莫名脑补了一堆乱七八糟的生离死别，我的智商居然低到这等惨绝人寰的地步！

不不不！一定是我边看电视边量体温的姿势不对！让我重量一次！

3. 间歇性娇弱并发症

自从在病中享受到正常状态下堪比人猿泰山的死党们温柔体贴的照料，我就下定决心要在她们面前一直把弱柳扶风假装下去。有何需求只要皱个眉捧个心从口中发出一声长叹，保管被伺候得妥妥帖帖，从跑腿买零食到端茶递水，再到请客吃饭甚至撕零食包装袋、嗑瓜子壳，完全一条龙服务。

你们莫非以为这个故事的结局就是我变成周扒皮剥削

压榨我的死党们？在这种时候没有男主角也应该有个男配出场呀，我的人品就算正值不高，绝对值也是很高的，还是可以爆发一次的嘛。

而人品爆发的结果便是终于证明我的人品还真是负数——某日我吃饱喝足准备看会儿书怡情养性的时候，从书里翻出了一个信封，先不谈那信封如何粉嫩嫩的亮瞎了我的眼，且不说字迹潦草到了鬼斧神工的程度，关键那家伙写情书没有文采也就算了，还写了错别字！错别字也就算了，我说，能把咱的名字写对不？我一共三个字的名字，那高达三分之二的错误率究竟是如何做到的？！

死党一边念信一边狂笑："无意中和我对上眼神后你那一低头的温柔，让我心神荡漾，心驰神往。我沦陷在了爱情的泥沼！我多么希望做你的小甜甜……哈哈哈，伪文艺又臭屁的人，哈哈哈！咯！"我在一旁郁闷得直想撞墙，死党却笑得直打嗝，最后她为了安抚我，漫不经心地出了一堆馊主意。

——要不给他发好人卡？

——怎么发？

——就说，"你是个好人。"

——So easy。

放学后我就按照情书上所言，到西校门往东第三个雕塑下和自称"小甜甜"的汉子会面，对于那枚清新脱俗的汉子的长相我就不在此赘言了，反正你们也不要喜欢他。

好人卡对吧……怎么发来着？

"我是个好人。"

"欸？！"那汉子错愕的嘴脸看起来真是喜感十足，实在应该摄影留念。打着"为了防止出现意外所以要掌控全过程"的旗号而躲在雕塑旁偷看的死党，也冲我露出了一副活见鬼的表情。我想了想还是忽视了他们丰富的表情包，继续说我的话。

"对不起，我是一个好人，理应找到更好的伴侣，你实在是不适合我，以上。"

汉子似乎还沉浸在被拒绝的悲伤中，为防他一时兴起演一出西子捧心的闹剧，我揪出雕塑后的死党便准备回家吃饭。民以食为天嘛，更何况我正在长身体，更何况我刚刚大病一场，更何况我男神喜欢肉嘟嘟的女孩子。

——我刚刚是不是表现得很棒？

——什么呀，简直比那个"小甜甜"还自恋。

——明明是你叫我说"我是个好人"的。

——我的意思是你应该对他那么说啊。

开往十八岁的列车

争 青

即将十八岁的你：

　　见信安！

　　站在季节的交叉路口，开往十八岁的列车穿越于时光轨道向你驶来，不疾不徐，与候车站还不想长大的你形成鲜明对比。

　　你郑重自问道："过去的十七年，除了日常习惯，有坚持做的事情吗？"使劲儿想了想，答案竟是没有。日记断断续续写了一半就束之高阁，睡前看书因懒散而搁浅，颇为文艺的爱好被贴上"不务正业"的标签就半途而废……"三分钟热度"的魔咒在你的世界体现得淋漓尽致。不知，是否有一天，对文字的热忱也会莫名消失。

　　不再轻易羡慕别人，渐渐明白，经不起时间推敲的文字只是暂时风光。

也不需抛去不屑的眼神，存在即合理，更多的，要把聚焦别人的长镜头拉回关注自己。这个世界从来就不匮乏优秀，你要做的是，找到属于自己的那份优秀。

刚开始投稿，是为了钱。总想着多写点儿就能多赚点儿，附庸为金钱的奴隶，喧嚣的因子充斥着发热的头脑借用文字加以展示，和名利挂钩的铅字不复单纯。一段一段硬是拼凑成篇，自己都不满意的作品怎能打动别人？

甚至，为了尽快上稿，扎入书店热闹的青春小说堆。总以为，读者要什么，就给什么。到头来才发现，一味地迎合别人的口味，过多地研究他人的想法，最后连自己在想什么都不知道。跑得太快，模糊了自己，量化的同时迷失掉本真的味道。

接到过稿通知，恨不得告诉全天下，转身发现，低调和沉稳才是你想要的。毕竟，写作是一辈子的事。

不断地和别人、和自己的过去告别，这就是成长。

早已听闻，有人一满十八岁就跑去献血，这是成年后能为国家做的第一件事。成年，"责任"二字不再是藏起来的备选词。在脑海里排练了多次却没有一次付诸行动的离家出走，谋划了好久却始终没有说走就走的单人旅行，是时候把任性丢给过去，接过沉甸甸的职责走向未来。

在一个艳阳高照的早晨，你烧掉了多年前写下的日记、小学时稚嫩的同学录、催你想念失联笔友的信笺墨香。呆呆地看着泛黄的纸张化作一缕缕青烟飘向远方，盛满灰烬的火炉吞噬着不够完美的十七岁,谈不上正式的仪式悄然带走了青葱旧时光。

十八岁的你将迎战高考,你很清楚,最好的成人礼就是初中时梦寐以求的那所大学的录取通知书。抱怨是没用的,就像敲下这些文字电脑几度蓝屏文档来不及保存,可依旧得心平气和地接受。因为,生活的嘉奖不会降临给怨妇。既然踏上了这座注定要踽踽独行的独木桥,就要走得漂漂亮亮,给自己下一段时光一个满意的交代。

节节车厢慢慢地在视野里变大,终是进站了。不管你愿不愿意,墙上一页页脱落的日历默默刷新着年龄。拨开熙熙攘攘的人群,你笑靥如花地搭上了开往十八岁的列车,不惊慌,不张皇,没有失措。车轮滚滚向前,一个甜美的声音传入耳际:各位旅客,欢迎乘坐这趟具有分水岭意义的列车,虽然你们拨打的十七岁已关机,但是恭喜你们,步入成人的世界!

    过了长不大的年纪已经十八岁的你
      ——写给自己的一封信

许我一童话

愿有人陪你颠沛流离

杜克拉草

九月，秋意未浓，秋夜凉。因为和好友L一同前行，所以我坚持在不让父亲一路护送到学校帮我安置好一切事宜的情况下第一次踏上了长途汽车。暖黄色的路灯倾泻下来，打在每一个人的脸上，父亲不舍担忧的表情清晰可见。

二十二点四十分。坐在靠窗的位置向车外送行的父亲挥了挥手，示意他回去，如果不是今天我要出远门，平常这个点他已经打呼噜了。

在车上毕竟很难入睡，车子在高速公路上稳稳地行驶着，看着车外迅速后退的风景，心里有一种莫名的伤感。曾经千个日日夜夜想要逃离这座城市奔向新的世界，如今做到了却没有那般开心，等待我的是一座我一无所知的陌生城市啊！偏过头来看着已经熟睡的L，心中不免庆幸，还好有L在。

大巴上红色的数字显示，北京时间夜里一点二十三分。我拉上车帘，强迫自己入睡。

次日凌晨五点三十分天还没亮，比自己预想中到校的时间要早了些。我和朋友L各自拖着二十四寸的行李箱，背着一个大书包走在昏暗的路上，手机里"叮咚"的声音提醒我QQ上有人找。

——Y请求加你为好友。

是一个高中三年同班的男同学，如今他与我读同一所大学。高一时与我同时担任班委，高二时因为有过很深的矛盾以及不愉快的经历，我把他从我的QQ里删除，此后一年里我们从不说话。所有认识我们两个的人都知道我们两个的关系达到了冰点。就差对外声称"有他没我，有我没他"了。

以前我不是很赞同同学说他这个人很做作，但自关系闹僵后，我每次一见到他的一言一行都觉得同学们的评判特别正确。我无法否认我对他有成见。

总的来说，我们两个关系很僵很僵，僵到每次同学提起他时我都不会给他什么好评价，僵到我拿录取通知书时看到他与我同校我便觉得自己踩了狗屎才会有这么衰的运气，僵到当我知道学校两千亩校园有二十五栋宿舍他又那么刚刚好偏偏住在我旁边的宿舍楼时整个人脸都垮了下来……

我上辈子一定做了什么坏事才会让墨菲定律来得如此突然：越是不想见到的人，越常见。

但就算曾经闹过那么大的矛盾，我还是同意加他为好友，毕竟在大学里能找到一个熟人并不容易。收到我同意加他为好友的消息，他当下发消息问我和L到校了没有，需不需要帮忙。他是提前一天就到学校熟悉环境的，住在学校的招待所。

看着笨重的行李箱以及陌生的环境，我还是如实跟他说我们到了。顾及自己的面子，我以一种比较轻松无谓的口气说："要是愿意可以过来。"

为了方便大家联系，Y在当天建了一个群叫四小分队，只有四个成员：Y、L、我以及一个高中女同学J。Y会时不时在群里问我们需不需要帮忙；听说我们要找兼职他就会留意兼职信息然后时不时发一些校内兼职信息供我们考虑；知道L想学吉他会将自己的小吉他借给L，然后告诉L学校有哪些吉他社团……总的来说，Y是我们三个人在学校的小灵通，消息比师兄师姐给的还及时。

这么一来感觉好像Y本没有那么糟糕，也许以前是我戴着有色眼镜看他了，连L都这么认为。

但其实大多数情况下Y在群里说话时我一般不会冒泡。原因很简单：我死要面子。曾经和Y的关系搞得那么僵，如果在路上碰到都会觉得尴尬会绕开走，怎么还会聊天，就算在群里聊也会觉得奇怪啊！

中秋那晚，舍友们都忙着参加社团的师兄师姐组织的中秋聚会。我并没有加入什么社团，就连班里的中秋活动都提前一天办了，所以那一天我都没有活动。说实话，那天我不是无聊，是非常无聊，一无聊正好逢上佳节倍思亲，最后只能待在宿舍里看《灯下尘》摘抄美句来打发时间。

第一次中秋不在家里过，花好月圆，连个月饼都吃不到。原本是佳节团圆，和和美美吟诗赏月，如今只有孤身一人在宿舍，想想都觉得无处话凄凉。

寻寻觅觅，冷冷清清，凄凄惨惨戚戚。

好在当我差点儿要把一本书看完以及摘抄完时Y在群里说让我下楼拿月饼才不至于让我孤单无聊到要重新摘抄一次。

我承认当时那颗拔凉拔凉的小心脏啊一下子就暖了起来。身处异乡，有人能够在花好月圆时刻记得你的感觉真好。此时此刻，就算两个人是情敌都该释怀了更何况只是一个矛盾？还有什么面子和芥蒂能重得过这份情谊？

后来我屁颠屁颠趿着人字拖跑到楼下从Y的手里接过最爱的蛋黄月饼时，差点儿把我的小眼泪都要整出来了，就差紧紧握住他的手一把鼻涕一把泪地跟他说谢谢领导关心……背后闪耀着友谊的无限光芒……心中对他的那根刺一下子被拔了出来，如释重负。

今夜天使降临，幸福来敲门，还好我刚好在家。

前两天上课，有位同学在讲台上演讲时讲了她从九月份开学以来到现在的种种不顺心的状况：专业与自己所想的差距太大、想进的社团进不去、竞选班委也失败了、人生地不熟也没人关心、苦不堪言时也没有诉说的对象……

　　那时我就好像看到了自己的影子，没错，这一个月来我所经历的都与她相似。

　　但比起她我又何其幸运，在这陌生的城市里，我还有好友L可以诉说心里话，还有Y温暖我让我不孤单，还有J会和高中一样借喜欢的杂志给我。我不是孤单一人，我还有他们陪我一起颠沛流离，跌跌撞撞。

　　七堇年说：若没有离别，成长也就无所附丽。

　　但若要离别，奔赴另一个你一无所知的城市，我只愿有人在光怪陆离的城市里，陪你颠沛流离。

许我一童话

洪夜宸

1

会考结束。

教室里闹腾得像是煮开了玉米的锅，三五成群，各自拉帮结派。那边有人哭诉前一场政治大题的观点分析错误，这边有人起哄说阿猫阿狗又传出了新的绯闻。有人鼓掌喝彩，有人为谁讲的一个很无聊的笑话而捧腹。你顶着大大的黑眼圈说终于可以睡个好觉，我抱着刷了一半的"五三"（五年高考三年模拟）为排名争分夺秒。

就这样，大家都在用欢闹来舒缓即将升入高三的一颗颗躁动不安的心。

我们在同一片环境里，没有八点档青春片里的打架、斗殴、接吻和离家出走，收敛了个性，只是乖乖在为同一个名为"高考"的目标而努力。

　　就在家长会上班主任苦口婆心地对一群高三党的父母说教后，我们开始了历时一个月的暑假。有人拼命刷题，有人挑灯夜战，有人被庞大的补习班队伍淹没，也有人将手机夹在作业里偷偷看起小说来。班级群里还是有很多刷存在感的学渣，也有已经写完作业得意地发答案的学霸，大家探讨着这道数学题的解法，无聊时几个人畅谈人生哲学。累的时候还是可以蒙着头一觉睡到中午，发起狂来也可以即使不想看书也要硬撑到三更。

　　时间就像流水般过着，滴滴答答，日复一日，没有尽头。每个人就像上了发条的陀螺，一刻不停地旋转，偶尔互相投来的一个肯定眼神便令人感到无比地安心。

　　在这个名不副实的尖子班里，有人选择考雅思托福，有人学了美术音乐，也有人坚持一条道走到黑为高考拼个头破血流。

　　陈弯弯，喜欢穿超短裙的美少女战士。

　　小辣椒，一枚脾气火爆、热爱生活的妹子。

　　许师傅，一个给我取了个听起来萌得不得了的外号后暗自得意的胖小孩儿。

　　静怡，一个快言快语的姑娘，我在漫展上第一次看到她，扮着《吸血鬼骑士》里的优姬模样，摘下假发后依然乖戾得不得了。我喜欢用《哆啦A梦》对她的名字颠三倒四，她不留情面地称我是广袤宇宙里神奇的单细胞生物。

徐嘉佳，自爆要在毕业后登上凉茶好声音舞台跟着欢哥游走江湖的追梦大男孩儿。

章子天和骆霖曾在晚自习合力为我画过一幅《大太阳加冕证书》，一百个太阳加一百个笑脸，这两个特定标志我永远不会忘记。

顾彦，一个头顶着光环的翩翩少年，刚开学那会儿作为新生代表发言，成绩好得不像话，然而相处久了才能真正了解其实他自恋又小气，内心还腹黑猥琐到爆。

陆航是个很礼貌的男生，他常替妈妈到张阿姨那里买牛奶，时间久了阿姨会给他留好几瓶放在前台，算准了他来的时间然后无比和善地笑。"陆同学来了啊。""张阿姨好。"男生点点头，接过牛奶还不忘道一句谢谢才离开。我调侃他是一棵根正苗红的三好少年，他都会不小心红了脸颊。

……

还有不到一年的时间，我们就毕业了。

我多庆幸，在我学生时代遇到的都是好人。大家相互取暖，从不同人身上汲取不同的爱好和优点，满腔热情地为各自的梦想奋战，都是当之无愧的"热血少年"。和他们在一起，即使是干着最苦最累的事儿，也能让我在不经意间感觉到岁月静好。

有人说，生命中注定要遇见的人，即使南辕北辙，最终也会殊途同归。所以，我们上一辈究竟是攒了多大的缘分，才有了今生的不得不相逢呀。

嘿，我会永远记着你们的。我亲爱的同学们。

2

临近高三，有不少迷茫无从解开，心里也说不出个滋味来。有时候突然怅然若失，有时候忍不住就抱头痛哭起来，泡一杯柠檬水可以坐在窗边发呆整个下午，盯着马路上蚂蚁般大小的人直至化为黑点消失，这时候又忽然间热血沸腾，觉得自己其实是战无不胜的迪迦奥特曼。

可我还死性不改，一面幻想着以后当个厉害的大编剧在电视台招摇过市，一面在聊天时玩着抓关键词和缩句的游戏乐此不疲。我还在看《中学生博览》《哲思》《意林》，看《紫色年华》和《大众电影》，研究青山七惠和岩井俊二的文风到底谁更治愈，用专属少女的天真眼睛去看这花花世界。仍旧迷恋于杨洋等各种明星暖男，抱着笔记本安然地构筑自己的城堡。

我还在坚持自己的一些坏习惯和永不磨灭的信仰，喜欢的事自然可以一直坚持，吃甜橙味的奶油蛋糕，喝自己冲的甜牛奶和西瓜汁，会因为来自陌生人的善意而莫名地心情变好，臆想有一天可以光着脚丫趴在星星上大笑或者干脆飞到太空外去。

我还在做那个长不大的念旧的小女孩儿。热衷于翻出以前的耳机，过去的CD，小时候的照片，旧时做过的化学卷子。有时被认为是古灵精怪的蓝精灵，有时则是古怪得不得了的文艺女。性格在温暖和冷淡之间切换自如，在操场上跑步都会偶尔想起喜欢过的人然后突然大哭。过去某一特定场景发生过的事始终清晰地印在脑海，甚至毫不相干的路人甲都会忍不住走个过场。

在生日那天我请了不少人吃晚饭。我收到很多礼物，大家在一起吹蜡烛、许愿、玩真心话大冒险，而后去看夜场电影。我想我忘不了这日子的。

吹蜡烛的那一刻所有人的目光都凝聚在我身上，片刻的黑暗里我记起村上的一句话，你要做个不动声色的大人了，不准情绪化，不准偷偷想念，不准回头看，去过自己另外的生活。想到这一秒过去后接下来我要过的就是十八周岁生日了，我觉得我有太多不适应，太多的没有准备好。我不知该怎么承担责任，不知怎样把自己狭小的身躯里潜藏的能量通通发挥出来。

3

今年高考我们学校考得并不理想，说好的烟花盛宴也化为传说。许多人约定一起去上晚自习，结果等到深夜漆黑的天空也未曾亮起烟火，这才知道满心期待的晚会已化为泡影。颓丧不已的同时有人突然不再耷拉脑袋，跺着脚义正词严地大叫："我们这届考好了一样可以看到烟花！"

我趴在桌上看着他，觉得他就像举着火炬的正义使者化身，此刻大家的眼底都凝聚着星光，我忍不住为班级的这股正能量喝彩。

当翻看物理课本头痛不已时，我忍不住就开始预想高考毕业后的美好生活：和太阳家族相约好明年暑假结伴去五个城市玩，确定下来的有厦门、长沙和海口；说好了要打电话聊通宵，站在各自家窗子前两个人看到同一个月亮，不知道星星会不会很多，待到黎明再跑出来爬到山顶去看日出。

准备看电影、写小说、吃美食、泡市图书馆，学钢琴、学街舞、学绘画、学游泳，企图把一年里缺失的自由都弥补回来。

同学聚会大概十几场也散不了伙，大家依依惜别、恋恋不舍，已经成年却不知怎么做一个合格的大人，说好的不许偷偷想念却还是忍不住回顾自己三年里的忙碌日子。每天被新的知识充实，内心迫不及待地要冲破枷锁追求自我实现，幼稚和天真的想法却仍滞留在脑海一点儿没减。

可是啊，无论幻想的未来有多遥远多美好，现在要做的事仍旧很简单很明确——好好用功，认真应考。

像用心书写一本童话故事那样，所有人一起拼搏奋斗的日子，大概是会很快乐的。

嗯。就这样。

再见一面

一棵大白菜

1

今年的春天比往年来得要晚许多,到了四月中下旬气温才逐渐转暖。

"好烦啊啊啊……"

学校吵闹的课间,少女正抓着头发咬牙切齿。面前的课桌上摆放着一份份惨不忍睹的考试卷。

"没事,只是物理考了十六分而已。"坐在她身边的清秀少年双眸含笑地安慰道。

云初可怜兮兮地望着他。

少年雷打不动地勾起美好的微笑,无比淡定地说:"数学二十三分,也不是很低。"

"那你考了多少？"云初沮丧地趴在桌子上，眼睛里却是满满的探究。

"嗯……"

他还没想好要怎样在说出分数的同时，保护云初那犹如玻璃般脆弱的心。

"算了你不要说……"云初还是非常有自知之明的，她早知道裴宁的成绩很好，和她就不是一个层次上的人。她简直太心痛了，这样的考试卷带回家，她妈非得打死她！再和裴宁的成绩一对比，哎哟喂，那画面美好得简直超乎想象。

少年默默地噤声，看着云初一副"凄凄惨惨戚戚"的样子，不忍心地开口："不然，我帮你补习吧？"

"不用不用，要是被我妈知道我又去烦你了，她肯定得爆发。你知道我妈爆发的时候的样子吧？"云初看着裴宁点了点头，于是满意地跟着一起点头，"所以啊，你还是安心念你的书，争取高考考上重点大学，以后我就仰仗你了啊。"云初的尾音，是明媚的上扬。

裴宁低头，唇角隐约地翘起，轻轻地发出了一个单音节："嗯。"

2

云初有一个青梅竹马，竹马的名字叫作裴宁。一米八的个子，挺拔美好。

云初还在穿开裆裤的时候，两个人就认识了。迄今为止，也有十几年了。当然，云初也欺负了裴宁十几年。

以前的小女孩儿哈，特别坏。云初就是这样的，欺负起裴宁来，从来不手软。裴宁小时候的性子闷，活像个乖巧的瓷娃娃。云初要什么，他就给什么。云初想要什么，他也要什么，转手又将到手的玩意儿送给云初。每次这样的事情发生，云初她妈都爆发，抄起鸡毛掸子满院子地追着云初跑，逮着就打。云初被打怕了，吸吸鼻涕准备再也不理裴宁，第二天却仍然撒欢儿地欺负裴宁。

两个人就这样跌跌撞撞地长大，从幼儿园到如今的高中，都是念的同一所学校。如果可以的话，可能连大学都要念一样的。但是无奈，云初比较不争气，能不能考上一本都很悬。不过裴宁却是能够考上985甚至出国深造的人。

原来云初欺负人家的时候还没感觉出两个人之间的沟壑，现在，她深深地感觉到了物理十六分和物理八十六分的差距。

为此，头悬梁锥刺股！虽然……并没有什么用。

3

裴宁最后还是帮云初补习了。

最大的原因就是因为有学生去教育局把一中给举报了，学校暑假补课这件事是不被允许的。所以，一中取消了暑假补课。自然而然，裴宁就有时间带带小可怜云初。

裴宁并不是第一次见云初的考试卷，也一直知道云初的智商水平。但是他还是深深地苦笑了一番，云初的数理化烂到令人发指的地步，可是当初居然义无反顾地选择了理科，她还真是……真是什么呢？裴宁一时间想不出词汇来形容。

"我是不是无药可救了啊？"坐在裴宁身边的云初咬着笔盖，无辜得很。

"还好。"裴宁淡淡地回道。

看来真的是无药可救了……

云初默默地低头，从裴宁手中借过几份空白卷子，陷入认真的学习里……当然这只是一时的，二十分钟以后云初就已经坐不住了，满脑子都是西瓜荔枝，晚饭该吃啥，哪条街的奶茶店又推出新品了……再用余光睨了一眼身边的裴宁，感受到注视的裴宁偏过头回望。

云初眨了眨眼睛，裴宁将改好的卷子往她脸上一盖："将错的题目看三遍，再重新拿纸做一遍。"

"噢！"云初将脸上的卷子拿下来，低头改错题。

改了两分钟又抬起头，云初满脸谄媚的笑容："裴宁你渴不渴？想不想吃水果？我挺想吃的，荔枝和西瓜都想吃……我妈放冰箱里了……"她的声音愈来愈弱，然后趴在桌子上，可怜巴巴。

少年叹了口气，扶额："你去拿吧。"

云初立刻满血复活，蹦蹦跳跳地跑去厨房。说真的，她中考体育的时候都没像刚刚那样，发挥超常。

4

补习的空余时间里，云初都是呈现放空状态。湖南电视台播着暑假档亘古不变的《还珠格格》。亏裴宁能够面不改色地看下去，而且剧情记得比云初还要牢固，甚至能够和云初她妈讨论接下来的情节走向。

云初比较无奈，在饭桌上，只能与她爹两个人一起沉默地扒饭吃肉，然后听着她妈激动的声音和裴宁笑着的附和。

"爸，我觉得我妈比较喜欢裴宁。"云初吃完饭，和她爹坐在客厅的沙发上，横歪竖躺。

她爹："要换成我，我也更喜欢裴宁。"

云初冷笑着哼哼："你别逼我把你前两天骗我妈加班的事儿说出来！"

"你去呀，你要是把我的事儿抖出来，我就把你的那点儿事也给抖出来！"她爹高深莫测地看了云初一眼。

"我怎么了我？"

"你上回逃课，跑出去玩，骗你妈去买复习资料，结果买了一打的小说回来。"

云初默默地闭嘴。

然后跟着她爹一起看饭桌上还在深入交流的两个人。

云初："爸，我总感觉咱俩被抛弃了。"

她爹："哦，你的感觉很准。"

5

开学后一个月的实验考试，一个年段八百人，云初考上了前四百名。裴宁仍然名列前茅，老师家长为他的今后紧张兮兮。云初几乎每个课间都能看见裴宁被老师叫去走廊，叫去办公室。

"裴宁，你要考什么学校啊？"因为高三重新分班，裴宁毫无悬念地在特进班，云初仍在普通班里沉沉浮浮。所以云初找了个时间，溜进特进班里找裴宁。

"你还真大胆。"裴宁对于云初现在的所作所为，一点儿都不惊讶，反而笑了起来。

云初摸了摸鼻子，憨笑。

裴宁略想了想，说道："我还没有想好要考什么学校，你呢，你想考什么？"他的视线温软而平和地落在云初身上。

"我啊，当然是考一本啊！"云初挺直了脊背，眼睛瞪得老大，用毋庸置疑的口吻说道。

"看来这次你考得不错啊。"

"托了您的福。"云初眼睛弯弯,"我妈说要是有空儿你就来我们家吃饭,我妈可开心你来我们家了。"

裴宁笑着点头道:"好啊,等忙过这一段,我就去。"

"那我们说好了!"云初开始矮下身子,因为她看见特进班那个特别凶的老师走过来了。于是猫着身子跑出了他们班。

她后来后知后觉地想到,这是她见裴宁的最后一面。

因为裴宁失约了。

他没有再来她们家吃过饭。

6

云初考上了一本,刚好踩在一本线上。

原本住在云初对门的裴宁一家移民了。

那个暑假她看了很多小说,其中一本叫作《何以笙箫默》。何以琛和赵默笙分别七年,最后在一起了。云初的心没有那么大,她只希望,她只希望,还能再见他一面。

留在记忆中的黑白色

念 安

我一直都记得有一道朴素的黑白色曾经路过我的童年,我们一起被遗忘在了风中,只是后来,我没有能力为它提供一个可以遮风挡雨的地方,尽管它如此地执着。

湖南台正热播的《神犬奇兵》勾起了我的回忆,而回忆中那个和我朝夕相伴的并不是像电视剧中那样勇猛威武的狗,只是一只很普通的小猫,娇小得甚至连保护自己的能力都没有,身上只有朴素的黑白色调。

我一直相信猫是很有灵性的一种动物,碧绿的琥珀瞳孔洞悉所有的是非冷暖,又或许我的小猫是我小时候唯一的陪伴,所以我对小猫有着较为特殊的情愫。

那只朴素的小猫连名字都没有,我们好似心有灵犀般,每次我需要它的时候都不需要呼唤,它自己就会跑过来蹭蹭我的脚。

小猫是我从阿姨家抱回的，那时它刚出生一两个月，趴在阿姨家的椅子上一动不动地盯着我，在我疲惫地打着哈欠时，它竟然对着我张大了嘴巴，露出隐约的小小白牙。就这样，阿姨把小猫送给了兴趣十足的我。

　　小猫刚到我家时很不安分，上蹿下跳把家里弄得一片狼藉，不停地发出尖叫，眼里的凶光警示着每一个试图靠近它的人。无奈，妈妈把理应被抱在怀里的小猫拴在了阳台的榕树盆栽上。一扇小小的门把它和客厅隔开了，无处躲藏的它蜷在风里依旧发出令人毛骨悚然的尖叫，像是一个出生的婴儿被遗忘在风里。我看到花盆里被它闹腾掉的泥土为它披上一层保护色。这里，没有小猫曾经依赖的椅子，没有它熟悉的味道。

　　晚上回家后看到小猫的爸爸全无为新生命的到来而欢喜，他大发雷霆："像什么话，我们家根本没地方养，马上送走！"从记事起我对父亲都是十分畏惧的，从来不敢和他多讲一句话，更没有违背过他的任何命令，每到他下班回家的时间点，总是会莫名地感到恐慌，有时得知他不回家吃晚饭，又会没来由涌上安全感，没有他在的家少了一股莫名的肃杀。而今天我却勇敢地迎上他愤怒的目光，乞求他留下小猫。爸爸看到了我的乞求，却丝毫没有犹豫地掐断了我的希望："看什么，猫必须送走！"爸爸残暴的声音直接逼出了我恐惧的泪水，我使劲儿忍着，不让泪掉下，渐渐泛红了整个眼眶。妈妈在一旁忍不住帮腔："你也用不着这样吧，孩子喜欢就让她养着好做个伴儿，就是乱也用不着你收拾啊。""你说得容易，哼，像你整天什么都不做就赖在家里当然是想养猫和你做伴儿了！""我什么都不做？你整天在外面对家里的一切都不闻不问的，回了家就坐在那边看电视、吃饭，连孩子生病你也只顾自己的花天酒地，你为这个家付出了多少啊！"爸爸开始粗话不断，血丝布满了双眼，他们从猫开始吵到了许多和猫不着边际的事情上。我紧紧地拽着妈妈的衣角，像是拽着唯一的依靠，瑟瑟发抖，怨恨自己为什么不争气红了眼眶引发了这起争吵。忽然，爸爸拍桌起身，猛地冲向妈妈，紧紧地掐住她的脖子，妈妈的手在空气中无助地乱抓着，我发出了一声和猫一样恐惧的尖叫，而后因过度恐惧失去了所有的声音。妈妈被推向桌角，专属我的小碗直直地从桌上砸落，在地上开出了一朵朵棱角尖锐的白花，一不小心便鲜血淋漓。

我走向阳台抱起小猫倚在墙角，帮它拍落身上的泥土，此刻的小猫安安静静把脑袋埋在了我的臂弯上，我的泪落在它的绒毛里，凝成坚硬的刺。那一晚，我和小猫一起被遗忘在了风里。

后来小猫还是留下了，它和我一样渐渐开始习惯了这个支离破碎的家庭，并融入其中。小猫很聪明，它好像明白自己不讨爸爸的喜欢，在爸爸回家吃饭的时候它从来不会在桌下窜来窜去讨要食物，只是在自己的餐盘旁边自娱自乐，等待妈妈添饭。甚至自己学会坐在厕所地漏处解决大小便，它不像别的猫那样顽皮，把妈妈的毛线球弄得一团糟，也不会在家里桌子椅子上到处留脚印，妈妈把一张废弃在阳台的小沙发搬进屋内，成了它睡觉的小窝。或许是它的与众不同，爸爸也不再提出把小猫送走。我喜欢小猫静静地坐在旁边呼吸同样的空气，喜欢把它抱在怀里感受彼此的温度，喜欢在小猫午睡时蹲在旁边看着被阳光覆盖的它，常常趴在那张小沙发扶手上不经意间睡着。

第一次给小猫洗澡是十分头疼的事，一向温顺的小猫一丢进澡盆就像是受了惊吓一样忽然间跳起，拖着湿嗒嗒的绒毛满屋子跑，水滴连成了一幅杂乱无章的地图。在一番闹腾后，筋疲力尽的我抓着依旧充满活力的小猫和妈妈第一次为小猫洗了澡。后来次数多了，小猫看到澡盆后竟自己跳进去然后等待妈妈为它打上肥皂。

小猫有午睡的习惯，在它睡觉时我总是静静地蹲在旁边给它捉虱子或是变着法子玩弄它。一次偶然，我发现小猫脚上有几块小小的肉球，肉球按下去竟出来了一根雪白尖利的猫爪，我惊奇得像是自己发现了新大陆，对自己佩服不已。为了进一步满足自己孩提时的好奇心，我围着小猫前前后后转了一圈，发现小猫睡觉时尾巴总是紧紧贴着自己的身子，我伸手把它的尾巴拉开，一松手尾巴又紧紧地贴回自己的身子。玩性大发的我必然不会就此罢休，我用力扯住小猫的尾巴，甚至扯得小猫的身子微微挪动，在一瞬间，小猫睁开了的双眼，透着犀利的光，亮出令我好奇许久的利爪，从我手上划过，留下了几道浅浅的红印。我被吓到了，慌忙跑向正在客厅织毛衣的妈妈，或许是我过分地玩弄真的激怒了小猫，它对我穷追不舍，在妈妈声色俱厉的喝止中停止了追逐。我抬起手看看那几道浅浅的伤痕，不痛不痒，很快就被我忘记了。

半夜，我忽然全身发烫，在脖子里面的左侧鼓出了一颗不明物体，疼得我整夜地哭。去医院的路上，我被猫抓伤的事终被父母知道了。

爸爸勃然大怒，在车里不停地追究妈妈的责任，妈妈抱着我，一言不发。

我康复后，爸爸决定直接把猫扔了。

和小猫刚来时被遗忘的那个晚上一样地静谧，只有耳边不停的风声，爸爸把它装在了一个红色的袋子里，提在手里，小猫比刚来时重了许多，也长大了。

爸爸把小猫放在了一条陌生的小路上，一落地小猫急匆匆地向外跑，和我们背道而行。我被爸爸拉着向前，小路无比清晰地刻在了我的记忆中，小猫在我的频频回头中渐渐和远处的夜幕融为一体。

第二天出门时我发现小猫竟安安静静地趴在家门口睡着了，我抱起小猫兴奋地告诉妈妈，妈妈神色凝重地抱过小猫走出去，把小猫丢在了楼底的过道里。被惊醒的小猫紧随妈妈的步伐跑回了家，妈妈狠下心把小猫关在了门外，眼里闪着光折射出内心无限的悲伤。

晚上，回家的爸爸打趣着说："没想到那猫还挺聪明的，没去过的地方竟然还能找到回家的路，刚刚还趴在门口呢，让我给赶了下去，以后不要再养这些有的没的了。"我鼻头涌上一股酸楚，眼里的泪滴在了碗里，因爸爸的无情，因小猫的离开。

过了一会儿，我听到猫在用爪子抓门的声音，一下一下挠在我的心上，只能躲进房间逃避。这时，我听到爸爸对妈妈说，去把那烦人的猫赶走，别抓坏了我们家的门……

一次又一次，我不知道小猫自己跑回来了多少次，只知道每天清晨都能看到小猫依旧安安静静地趴在家门口，忘了直到哪一天打开门，空荡荡的楼道里没了熟悉的黑白色，几滴泪无声地模糊了眼前的一切。它或许已经明白，它已经不再属于这个家。

那只没有名字的小猫，在这个家里待了一年，让我怀念了十余年。我不知道小猫离开后是否被收养，或是成了无依无靠的野猫。

我一直都记得有一道朴素的黑白色曾经路过我的童年，我们一起被遗忘在了风中，只是后来，我没有能力为它提供一个可以遮风挡雨的地方，尽管它如此地执着。

等待是一件年少无知的事儿

冰糖非晶体

今天去书店买《中学生博览》。然后一直任性不看手机。班车里开着空调，很冷，我低垂着头，看上去就像是一个很普通的乘客，其实心里难过得要命。

回到家里还是没忍住，掏出手机看了看屏幕，没有QQ提醒。气压很低，呼吸困难，写不下去作业，就捧着小博看了起来。可是偏偏看到了《我是他的云淡风轻》《这一路青春不绵长》……怎么办？我的少年，我很想写写你。

初三下学期，正是紧张的时候。老师砸了无数卷子，我们就刷。刷完还眼巴巴地问："老师，还有吗？"中考的压力扑面而来，以至于第一次见到你，竟是羡慕嫉妒恨的。那时数学老师拿了你的卷子给我们当答案，然后让我去隔壁班还你卷子。你正趴在桌子上睡觉，三年的隔壁班，我对你并不熟悉，只能暗叹："学霸啊学霸！"

　　回教室后我一阵吹嘘你如何高大上，其实我连你正面都没有看到，白色校服、不羁的微翘的发梢，哦，你的头发是天然卷，微卷的样子后来被我美化为个性。女生们被我鼓动，开始崇拜学霸的你。

　　那次之后，见面的次数竟多了起来，你和我都固执地只去同一间食堂，其他食堂就像不存在一样，这也是在那段时间我才发现的呢。原谅我的少女心弦被拨动，你够宽阔的后背，你够骄傲的身高，你够自然的样子，以至于目不斜视和我擦肩而过，根本感觉不到我的回首，目光炙热一直随你直到拐角。

　　漫漫暗恋路，自此开始吧。早中晚三餐必和你同食堂相邻桌；课间必去厕所只为路过你们班；间操改为绕操场跑三圈后，我一定先找到领跑的你，然后再整队，一直担心我若不是领跑你会不会注意不到我；因和你们班班长是不错的朋友可以频频出现在你们班而开心很久；晚自习总是学到很晚，看你先回宿舍，路过我们班，我就会很愉快地继续奋斗；周末回家在车站等车也会遇到你，便主动搭讪"你是隔壁班的某某吧，好巧"……我实在有太多太多的与你相关，无法一一列举。

　　中考倒计时，一百天誓师大会，听说你有意向去一中，我开心了很久，那也是我想去的学校。为此我用棒棒糖犒赏了送情报的某只。那一百天我更努力地学习——和你同高中，想想都充满了斗志。朋友们天天陪我吃一个食堂的饭，刷一样的题，还得抽时间和我路过一个班级、看一个少年……回忆起来我竟然有些难受了，少年，你知道的。

再后来如愿收到录取通知书，忙加了你的QQ。我实在是到那时才有十足的勇气转暗为明，小心翼翼地更加靠近你。

我："Hi！"

你："嘻嘻。"

我："你认识我？"

你："猜得到。"

我："？"

你："是谁总和我一个食堂吃饭，还有谁跑操总东张西望，不用再举例了吧？"

我："……"

我欣喜若狂，截图发给好友，某只更加激动，大呼"在一起，在一起"。我和你聊了一暑假。得知你更多的事情，却差点儿伤心到想不顾一切地删了你，当然只是想想。

你喜欢的女孩子，我看过她的空间相册，很漂亮的。你们小学同桌，一直保持联系到现在。你赞她的说说，评论总是引她发笑说神回复啊，你给她的留言，更是温暖无比。我一边难过，一边笑着告诉你：我加她了哦，聊了几句，是不错的人。我说的不错是因为：她明确说你们只是同学关系，让我加油。

现在开学一周了，我在1班，你12班。我每天还是和你一个食堂，还是会绕更远的路去看你们班的你，偶尔上音乐、信息课路过你们班，看到你在睡觉，晚上回宿舍就会发信息狠狠批评你。你就一直装委屈。高中的课更难了，我知道你理科好，可是文科笔记你怎能不记？我为你着急，却也只能点到为止。

现在，你每天跟我说早安、晚安，吃完饭会等邻桌的我吃完一起走，周末搭车回家会陪我走一段路……不是我太贪心，是你不掩饰对她的喜欢，让我一直挫败。而我不敢问：我们是什么关系？万一你说是朋友，那我又该如何接受你的"早安"和"晚安"？

而今天，是因为昨晚和你搭车，放假人多，我们不同车，很晚才到家，你却没有发任何消息。我忍不住问你，你说："累了，早点儿睡吧。"然后很久很久，我再发给你，你没回，你没有说晚安。我的第一反应就是去翻你的和她的空间，她的空间留言板多了很多暧昧的话，很多来访的人，我也看到了你的来访记录。毕竟我不及她，而你更中意她，所以你更伤吧？

一晚上我都在发呆。之前我转过一条说说："你为什么喜欢他？这问题的难度，相当于问我，水是什么味道。"我不知道，为什么我还不放手？难道要你亲自掰开?

写完这些的时候，我又去看你是否发了消息给我。

没有。

少年，你懂的，我的心已好久没痛过，却为你如此折腾。

少年，你懂的，我可以给你深爱也可以走得干脆，但是，我是真的不舍得你的"早安"。比起晚安我更喜欢早安，因为有人一醒来就会想到我。

时间怂恿我放手，我说：再等等。我选的路，我只好颠沛流离。而少年，你我都将渐渐懂得等待是一件多么年少无知的事。

最后一个夏天

亚 邪

直到现在我都清楚地记得第一次见到你那天的情景。那是初秋时节连日阴雨后的第一个艳阳天，金色的阳光热烈地和大地相拥。广播里通知全体同学到操场做操。难得的没有半点拖拉，所有人都一股脑地往操场奔。我迅速找准自己的位置站好，开始享受起阳光洒在身上暖洋洋的感觉。果然还是有阳光的地方才最好，然后，我从广播里听到了你的名字。

请六年级的宋黎明同学上台带领大家做操。值周老师用他粗犷的嗓音连着喊了好几遍，所以，你的名字，我听得格外清楚。

宋黎明，宋黎明，我好像看到了晨光熹微，黎明的第一道曙光划破长空。突然就很期待，拥有这样一个充满希望的名字的人，是不是看着就特别朝气蓬勃的样子，于是，我睁大了眼睛，四处搜寻你的身影。

哦，忘记说了，那时的我只是个刚刚转校的新生，没有听说过你的辉煌战绩，也没有来得及和你来一次偶遇，可是那天，你却让我第一次知道了什么叫作惊艳。

是了，你踩在阳光上，一路小跑着上了台，身上是一套白色为底黄色为辅的恰到好处的休闲装，脚上的运动鞋雪白，跟你的人一样，不沾染半点污垢。从我的角度看过去，正好看到你瘦削精致的侧脸，阳光落在你的身上，你看起来就像是来自天上的神明，浑身散发着金色的光。

直到后来我才知道，原来你早就已经是学校的小红人，学校所有老师都认识你，茶余饭后，你总是成为他们谈论的对象。对于你，他们毫不掩饰地表达对你的喜欢还有称赞。同学们看着你时，也尽是崇拜与艳羡。

而我，则早在听说你在开学典礼上囊括了几乎所有奖项时暗自下了决心，要成为跟你一样优秀的人。说不定到时我还能和你一起上台领奖呢！可是，直到你从小学毕业我也没能实现和你同台的愿望。

真正和你有交集是在我也上初中以后。那时正是新生入学，学校各个组织部门都开始纳新，我抱着"初生牛犊不怕虎"的态度走进学生会用来面试新人的那间教室。

我没有想到会碰到你，虽然我的确并不单纯因为是新生而来参加面试，而是进学校时我注意到公告栏上贴了一张你的照片，上面还写了两行字，第一行：学生会主席，第二行：宋黎明。

你坐在他们中间，有一股不怒自威的气场。我小心翼翼地做自我介绍，攥紧的拳头里慢慢渗出了汗水。还好，最后我总算通过了面试，成了你的"手下"。我欣喜若狂，却又不能完全表现出来，差点憋出内伤。

后来，你问我的名字，说面试的时候光顾着看人了也没听清说的什么，以后就在一起"工作"了，总得认识认识，培养一下感情。大概是没想到你这么好说话，我愣了愣才告诉你我的名字，我说："主席大人在上，小的肖橙，以后还请多多指教。"说着还冲你抱了抱拳。

你被我逗笑，扑哧一声笑了出来，我狠狠地白了你一眼，一边在心里嘲笑你笑点竟然如此之低。

笑过之后，你抬起手拍了拍我的头，说："好了，新官上任三把火，肖橙同学，明天开始跟着我一起值周。"说完就一脸笑容地转身走了，留下我们一群人站在那里，不明就里。只是，看着你离开的背影，我笑了，似乎我小学时的愿望终于要实现了。

其实我没有想过上了初中之后的你也能像以前一样成为学校的焦点。可后来当我亲眼看见了你一次次被各种奖项加身的时候，在你一次次对我亮出你那标准的露八颗牙的微笑时，我瞬间就觉得，你这样的人，生来就是为了成为人群之中的焦点。

等到我和你已经混得很熟的时候,学校里的法国梧桐已经掉光了叶子,只余下光秃秃的树干矗立在深秋的寒风之中。我把手揣在兜里,站在你身边看你给这片区域的卫生情况打分,你低着头,用手中的笔在评分表上画上了几个数字。

打完分回教学楼的时候,我跟你说我小学时候最大的愿望就是能跟你站在一起领一次奖,不过好可惜啊!最后没有实现。

你说:"是啊,好可惜,那时候学校的另外一个传奇,年龄最小却是成绩最好的那个小女孩儿,我竟然没有和她一起领过奖!"

你说完这些的时候我已经整个人都惊得呆掉了!我没有想到,你也曾经听说过我!那种感觉,就好像是两个志同道合的人终于跨过所有阻碍走到了一起。

后来也终于有了一次机会让我跟你站在一个领奖台上。那是市里面举办的一次作文竞赛,我跟你分获年级组的一等奖,当我看到光荣榜上宋黎明和肖橙两个名字挨在一起的时候我激动得直接叫了出来,虽然大家都以为我是在为得奖而激动。

只是,那天我一个人站在台上拿着获奖证书,接受着全校同学目光的洗礼时,我的脸上却没有满面春风,因为你迟迟没有上台来。颁奖的老师连着喊了好几次却终是无果,宋黎明,我又将你的名字听得格外清楚,可是,你却没有如那时一样，踩着阳光，一路小跑着来到我身边。

其实我早该看出来的，在你消失之前，你不正常了好多天。因为事关你家里的变故，所以我并未多问，只是隐约从别人的嘴里听来一些零星，拼凑出来的事实却也让我无从开口。

可是，我也万万没有想到你会以那样一种决绝的方式逃离你所承受的现实。就是那天，你带上家里所有的存款，一声不响地走了。

没有留下书信，没有同谁告别。

所幸，在最后一趟长途汽车即将发动的时候，他们找到了你。你背着自己刚淘回来的双肩包，穿着自己最喜欢的黑色休闲套装和白色运动鞋，一个人坐在角落里，安静得像是一团空气。这些都是听别人说起，可是宋黎明，我能想象得出当时你的样子，孤单寂寥，像头困兽。

再次见到你是在一周之后了，你还是跟以前一样，留干净的学生头，穿平实无华的休闲装和毫无瑕疵的白鞋，平静得像是几天前离家出走的那个人根本不是你。透过树叶的缝隙，有细碎的阳光洒在你的脸上，你对我扯着嘴角笑，我就也对你笑。

回到学校之后的你没有一蹶不振，只是变得没有像以前那样热爱学习了，可是瘦死的骆驼比马大，你的成绩依然排在年级的前面。

你开始不定时地逃课，以前没有做过的坏事在那一段时间里你几乎做了个遍，所有人都觉得你是青春叛逆期到了，对你的幼稚行为嗤之以鼻，只有我，在每次透过窗户玻璃看到站在对面楼的德育办公室里接受教育的你的时候会忍不住想要冲过去劈头盖脸地骂你一顿，然后抱着你狠狠地哭。

宋黎明，那段时间你过得多艰难我都知道，身心备受折磨，明明早就倦怠不堪可就是死撑着不肯让自己停下来。你说你害怕你一停下来就会想起那个摧毁了你所有幸福的画面。

可是终究是要面对现实的不是吗？好多次，我看到你一个人坐在学生会办公室里面，望着窗外发呆，时不时皱眉，没有歇斯底里的发泄，只有如鲠在喉不能言说的苦痛。

时间如同白驹过隙，即便再多苦难你也只能埋头向前。然后又一年的毕业季如期而至，你，就要毕业了。

老师们依旧对你寄予厚望，把你当重点培养，而后来你的中考成绩也的确没有辜负他们的期望，远远超过重点分数线一大截。

临走的那天你特地跑来找了我，手上拿着几个笔记本。当我从此起彼伏的起哄声中走出来的时候我的脸已经红得像喝了好几瓶老白干一样了。

你笑了笑，并不理会起哄声，只一本正经地把你手中的笔记本往我手里塞，一边对我说："喏，小手下，你要的笔记,要好好学习啊,我在一中等你!"

我看着你随说话声涌动的喉结,心里面泛起名为悲伤的涟漪,好在上课铃声及时解救了我,让我不至于在你面前矫情地掉眼泪。后来你转身离开的时候我并没有马上进教室,而是站在门口目送了你,四周清冷的光打在你的身上,你看起来就像一个孤傲的王者。

只是宋黎明,如果当时我就知道这大概会是我们最后一次见面的话,我一定会不顾一切地跑到你面前,拥抱你。温暖你也完成我的心愿。

一年后,我参加中考,如愿考上一中。

当我背着包满怀憧憬地踏进一中大门的时候我的心情是万分激动的,想着我又可以和你一起在学校横行就更无法抑制自己的情绪,我顾不得欣赏校园美景,顾不得认识新同学,开始在学校里寻你。

依照往日的经验,我首先来到了通知栏,却没有见到预料中你的照片和名字,脑海里不由划过一道闪电。

我开始担心你是不是已经彻底堕落,可转念一想,高中这么多优秀的同学所以你才不再那么出众了吧。这么一想,不免有些欣慰,又有些沮丧,如果是那样的话,我要怎么找到你啊?

我以为,凭着我对你敏感的嗅觉是很快就能找出你的。前提是,如果你在学校里。

直到好久以后我才终于从别人口里得知,毕业后你就跟着家里人去了外省念书,压根没有上一中。

怎么形容当时的感觉呢?酸酸的涩涩的,很委屈。你说的在一中等我,结果是我一个人忙活了半天却只换来你的爽约。

突然想起你曾经教我唱的那首歌:"最后一个夏天,我们就要说再见……"原来,从那时开始,你就已经跟我告别。

没有你在的一中仿佛缺了点温情,秋风吹散一地的落叶,放眼望去,满目苍凉。日子总得过,我也渐渐地接受了你离开的事实,只是,宋黎明,为什么?

为什么在我已经把你忘记的时候又突然出现?

又一个夏天到来的时候,我已经步入了高三,达到饱和状态的太阳光炙烤着大地,街上尽是穿得花花绿绿青春靓丽的姑娘和少年。我站在树荫下等着绿灯,在三十好几度的高温里等待真不是件愉快的事情。

我狠狠地盯着马路对面的红灯,几乎快要将灯盯出洞来的时候,对面出现了一对小情侣,男孩儿穿一件纯白的T恤,配黑色的牛仔裤和白鞋,旁边跟着他的小女朋友。

他恶作剧地掐她脸,她扬起手作势要打他"报仇"。多么温暖美好的画面啊,如果那个男孩儿不是你的话。

绿灯亮起来的时候你们停止了打闹,你细心地牵起她的手,从马路对面走来,我和你们相向而行。

其实心里也还是有期待的吧?不然在马路中间我们相

遇即将擦肩而过的时候我怎么会紧张得手心都被汗水浸湿了呢？当你终于从我身边走过却毫无作为的时候，我的心顿时沉了下去，是你身边的女孩儿太耀眼了吗，还是天气太热就连我的眼睛里都渗出了汗珠。

我三步并作两步跑到了马路边上，停下来，看你们手牵手越走越远的背影，心里虽然难过却还是小声地说了祝福。是啊，那么优秀的你，本来就应该是幸福的。

最后一个夏天。

宋黎明，再见。

谢谢你曾经像光一样照亮了我的整个世界。

绑架塔那托斯

果　舒

1

　　五月,南方雨季开始了。路上,豆粒般大小的雨点砸在行人身上,行人像是在躲避什么污物一样,纷纷撑起大大小小的雨伞。没伞又没雨衣的行人步履匆忙,那狼狈的模样像是身负深重罪孽的信徒在躲避圣水的洗礼。屋里"哇哇"的小孩儿哭声被雨声淹没,我看着摇篮里号啕大哭的周思离,半晌才把他抱起来。怀里的周思离那么娇小,没什么重量,我像是在抱一团空气,快要三岁的孩子看起来和一岁的孩子差不多大。

　　周思离挥舞着小手兀自哭着,对我的哄抱自动屏蔽。昨天带回来的药剂量是加倍的,但看起来并没有发挥作用。我把目光移向门外，期待那匆匆的行人中有一个正往我的方向走来，那将是母亲。

母亲去请医生了。我抱着周思离，轻轻拍打他的后背试图给他些安慰，试图减轻他的痛苦。周思离的眼泪顺着脸庞滴在我的臂弯里，一阵灼热。周思离是个早产儿，因为是个男孩儿，所以父亲特别宠他，母亲也是。即使是在开明的二十一世纪，重男轻女思想还是在不少家庭里存在。周思离的降临给这个家重新注入了活力，父母亲好像都年轻了十岁。

还好，我已经长大，早就学会如何填补自己的心理落差。

在时间的推搡下，周思离渐渐长大。然而，他却并没有成长为我们想象中的模样：五个月，当别的小孩子已经能够咧着嘴巴在地上爬来爬去时，他对我们的呼唤毫无反应；六个月，当别的小孩子开始牙牙学语时，他却连我们递给他的玩具都不会接；七个月，当别的小孩子眨巴着炯炯有神的眼睛拍着各种萌照时，周思离的眼睛还是没有焦点，常常仰着脑袋看天花板发呆，一待就是一下午。所有人都觉得周思离不正常，父母亲亦是急得像热锅上的蚂蚁，抱着周思离辗转几家医院后医生依然不敢确定病因，只是给开了些药。

周思离开始治病的期间，我忙着月考，无暇顾及其他。回家的时候发现周思离不在家，世界清净了好多，要是心里没有那种毛毛怪怪的感觉的话就更好了。几天后我终于知道那种奇怪诡异的感觉从何而来了，整理客厅的时候我在盆景底下发现了好几张收据单，每张清单上都是一笔不小的数目。周思离得了什么病？到底有多严重？我不知道，但也没问。饭桌上的气氛与温度持续下降，这么敏感的话题实在不适合在饭桌上出现。

2

清晨醒来的时候，城市还在沉睡，天是黑的，只有路灯亮着，惨淡的昏黄光晕杂糅在灰白的雾中，营造出一种凄清的味道。我做好家务天已经亮了，在通往学校的那条路上，有个男孩子早早等候，却假装偶遇，说："早！真巧，一起上学吧！"

那是个高高瘦瘦又有些腼腆的男孩子，他的胆大只表现在追求我这件事上。我觉得他挺可爱的，竟然会喜欢我。我没有明确地接受他的追求，但也没有直接拒绝，任由他每天陪我上学，送我放学。学校同学看到我会喊那个男孩子的名字，而那个男孩子的同学也总是拿我调侃他。说不出具体哪种感觉，就是他们开玩笑的时候有一丝的尴尬，而更多的是害羞与喜悦，像偷吃蜂蜜的猴子，没错，就是猴子。不害臊。玛格丽特说这叫虚荣，我是在享受时刻被人关注成为焦点的虚荣感，去满足那该死的虚荣心。

玛格丽特原名叫徐星，后来她强烈要求我们大家都叫她玛格丽特，便叫开了。但我就是不能理解，为什么要用小仲马《茶花女》里那个可怜的高级妓女的名字称呼自己？对此玛格丽特不作任何解释，她的性格和那个奇怪的称呼一样任性。但对于其他事，她总是有一大堆道理可以讲，十几岁的年纪像已活了半个世纪。不过她说了那么多的道理，我一条都没记住。

到学校的时候雾慢慢散开，像是一瞬间被划开了一道，静寂中朝阳浑圆地脱出呈现在我们面前，还没来得及仔细看，它就由橙红变成刺眼的光亮球体了。阳光的温暖让孤独冰凉的人感到一股暖流涌动，突然想起昨天晚上母亲很兴奋地说，听说有家医院对小离的病有办法，成功的案例比较多。我不忍心浇灭母亲那颗燃烧着希望的心，所以我没有说那些成功的概率再高也只是多了几个零点零零几的百分点。

在学校度过的时光是飞快的，闭上眼睛再睁开，大家都已经收拾好书包等待下课铃一响就如弦上的箭一般奔出去，目标是校门口。他们都是被禁锢在鸟笼里的鸟儿，下课铃声是救命稻草，校门是出口，到达那儿他们就自由了。但我更愿意待在这鸟笼里，没有无尽的哭号声，也没有哭号过后无边的寂静，沉郁的低气压压得我快喘不过气来。我拒绝了男孩子送我回家的请求。玛格丽特说暧昧这东西最恶心了，既消费了别人对你的关心，也贬低了自己的价值。快刀斩乱麻懂不懂？你留点儿时间给喜欢你的男孩子疗疗伤啊。玛格丽特一句话说得颠三倒四，若不是和她相处久了还真搞不懂她要表达什么，不就"暧昧可耻"嘛。

回家的路在我慢吞吞的步伐下显得愈发漫长，街角竖着一块"此处不准倒垃圾"的牌子被不识字的大妈推倒了又倒上一桶垃圾。水果皮腐烂的气味，与洗菜时扔掉的鱼内脏的腥味混杂在一起形成垃圾特有的臭味，吸引了一大群苍蝇前来围观，垃圾堆里钻出一只脏兮兮的小猫，浑身爬满了跳蚤，几只苍蝇在它身边嗡嗡嗡地飞着，小猫一瘸一拐地朝城市更阴暗的角落走去，那里是它无人问津的家吧。回到家的时候，天边的黄昏晓已经亮起了。也忘了是听谁说的，清晨最后一颗熄灭的星星是启明星，而傍晚第一颗亮起的星星叫黄昏晓。

父亲坐在客厅的木椅上皱着眉头抽着烟，他前面的烟灰缸已经满了，脚下还有一堆散落的烟头，凌乱着，没有方向。被风扇一吹便扬起的烟灰迷茫了我的眼。父亲说："小离得的是神经上的病，可能治不好了。"我怔在父亲面前，不知道该说什么。我一路走回房间打开灯从书包里拿出习题，握着的笔在第一道习题上停顿了好几刻钟，直到隔壁邻居家的争吵叫骂声透过窗户传来惊扰了我，我才发现我一个字也没看进去。我把习题收起来躺在床上假寐，不知不觉便睡着了。我梦见了父亲愁苦的脸庞，母亲挂满泪花的眼睛与怀里号啕大哭的周思离,我还梦到了玛格丽特和男孩儿和煦如春风的笑,后来周思离消失了,男孩儿走了,玛格丽特不见了,父亲母亲也不见了,无论我怎么叫喊,他们都像没听到一样,最后只剩下追到疲惫、哭到疲惫的我一个人。清晨醒来的时候枕头是被泪水浸湿的,可见昨天晚上那是个多么令人恐惧的噩梦啊。

回学校的时候,我发现同学们看向我的目光都变了,带着种悲天悯人的感觉,就像一个个贞洁的圣女,看见街边残疾的小猫小狗或是衣不蔽体的老乞丐时眼里所流露出的那种悲悯。最后,是同桌小琪捅破了这块脓包,使它流出了肮脏的血水,散发出浓烈的恶臭。她对我说:"你弟弟的事我们大家都知道了,你一定要坚强,我们都会帮助你的。"我看着她苦笑,她理解为我太过伤心以至于现在连笑都充斥着悲伤。玛格丽特却对我说:"别人都被你那双干净澄澈的眸子骗了,一个个都以为你有多脆弱,殊不知你只是觉得这样过日子比较方便罢了,你内心坚硬得简直跟块石头一样!天生的演员啊!你这人太恐怖了。"玛格丽特说这话的时候正"吧唧吧唧"地吃着苹果,没有注意到我因内心被赤裸裸地曝光后尴尬得无处躲藏、面部发青的嘴脸。

几位好友说要给我筹集善款帮助小离,她们写告示,发传单,找广播站宣传,然后再去各班里直宣。忙了半个多月,加上老师们的协助与捐款,清点捐款数目的时候几位好友兴奋得差点儿尖叫起来：总共是三万五千元！我被推向话筒前向全校答谢，中途哽咽了几次，最后说了句："小离一定会好起来的，谢谢大家！"受到母亲的影响，我也喜欢说些自欺欺人的蠢话。几位好友和我一起把捐款送去给父亲的时候，父亲是颤抖着手把它接过去的，他看着我那几位好友，嘴里不停地喃喃着"谢谢，谢谢"。母亲捧着脸哭了起来。好友们都不知如何是好，我把她们带了出去，又跟她们道了次谢。

捐款的钱与高昂的手术费用和一次又一次的医药费用比起来简直就是杯水车薪，但多一笔钱就少一笔债务，多一点儿钱就多一点儿希望。

3

语文老师新发的素材上有这样一则故事，讲了古希腊神话中西西弗斯为了继续在人间生活，在死神塔那托斯到来的时候扼住了他的喉咙，之后人间几十年都没有人去世。要是小离也能像西西弗斯那样也许他就不会那么痛苦，我们也不会那么痛苦了。扼住死神这件事对于一个孱弱的小孩儿来说实在是天方夜谭。没有足够的钱，那些有能力与死神对抗的医生又能做些什么呢？也许绑架塔那托斯都是一种奢侈吧。

家里的积蓄很快就用完了，父亲把我叫到跟前，他的头发不知何时已经开始发白,有的发根是透彻的白。父亲羞愧地看了我一眼,然后盯着窗外那奄奄一息的百合说:"家里没钱供你读书了,明天开始你去工厂上班吧。"我愣了半晌没说话,眼泪"啪嗒"一声掉落在木制的地板上,很快便消散了。

外面下着滂沱大雨,母亲还没有回来。小离终于停止了抽搐,显然被刚才的自己吓到了,依旧大哭不止。看着怀里孱弱的孩子,我脑子里冒出了一个特别恐怖的想法:要是你死了,你就不会再这么痛苦下去了,我也不用跟着你一起受苦了吧?要是你死了,我就能继续上学了吧?我颤抖着把手移向小离的脖子,最终只是摸了摸他的脸庞。两年多了,就算我真是一块石头也会有感情,更何况是和自己的亲弟弟在一起呢。母亲终于回来了,浮肿的眼睛里看不到希望。我往外瞧了瞧,医生没有来,母亲又带回来一些药。

七月,雨季即将结束。窗外暴烈的阳光晒进来,就像鼎沸的火焰熊熊滚过。中午,母亲刚给小离喂完了奶粉,小离就吐在衣服上了,我在旁边帮忙给他换衣服,发现他全身烫得跟火炉一样。母亲的手抖得厉害,怎么都扣不上。我说我来吧,母亲垂下手,眼泪哗地流下来。她说你弟弟治不好了,你弟弟该怎么办?该怎么办?我知道她问的不是小离怎么办,而是在问她自己,失去小离她该怎么办?

傍晚，伴随着一声尖叫和全身的痉挛，小离被送往了医院急诊室。母亲坐在急诊室门口的休息用椅上一直哭，眼泪像汹涌的洪水决堤而来，瞬间淹没了我。父亲安慰着母亲，轻拍着母亲的后背，嘴里呢喃着自己都不相信的"小离会好起来的"。我站在阴暗的角落里，手脚冰冷发着抖，第一次感到我对周思离的在乎，莫大的恐惧侵蚀着我，企图占据我的内心。一个小时，两个小时……时间慢得好像在放一部黑白老电影，看得见尘埃在空气中是旋转了多少个角度才落到地面上，又被从时间的罅隙里吹进来的风吹起旋转着不知是要飞往何方。红灯熄灭了，医生走出来对着我们摇了摇头，说了句我们已经尽力了，那语气比电视里的还要冰冷上千万倍。母亲经受不住小离已离去的噩耗晕倒了，父亲扶住母亲叹了一口气——夹杂着松了一口气的成分在里面，不易被人察觉，却被阴暗角落里的我捕捉到了。

　　小离终于走了，从此他再也不用痛苦再也不必哭泣了。在天堂，他可以有一个健康的身体，在那里快乐成长，真好。

　　小离的葬礼结束后母亲就病倒了，她已经熬了差不多三年了。小离，你在天上要庇护你那可怜的母亲，她是这世上最坚强最勇敢的母亲。

4

八月，盛夏的阳光明亮刺眼，知了的鸣叫声一层盖过一层，小孩儿们手上的白色布丁雪糕不停地冒着汗，融化成黏糊糊的液体滴落在地面上。白色的货车载着整车西瓜，卖瓜人爽利地剖开来表示"不甜不红不收钱"，人们团团围着，生意十分火爆。火辣辣的阳光烘烤着我的后背，汗水已经把衣服里面的内衣浸湿了，浅粉色的衬衣紧贴着肌肤，特别难受。从工厂回到家，一进门就看到父亲在那张旧得"嘎吱嘎吱"响的木椅上坐着，茶几上放着一张录取通知书，上面写着我的名字。我一瞬间屏住了呼吸，时间在这一刻变得特别、特别慢，我怀疑时间精灵又按下了慢进键。

我不敢看向父亲，杵在门口一步也没有向前。我的确休了学，但休学不代表我完全遵从了父亲的意愿，我真的还想上学。命运还是掌握在自己手里的，我不甘心像大部分人一样屈从生活的无奈，最后一辈子都在后悔中度过。我向玛格丽特借了钱参加了考试，白天在工厂工作，晚上等他们熟睡后才敢伴着灯光复习。我怕被父亲发现，所以学习一直都是偷偷摸摸地进行。六月的时候，我瞒着父母向工厂请了几天假去参加中考。七月的时候成绩出来了，但小离去世了，我不知道该怎么向他们分享这个所谓的

"好消息",这很不合时宜。成绩出来那天玛格丽特交给我一封信,说是那个男孩子写给我的,我休学后,他找过我几次都找不到,最后找到了她,让她把信交给我。信里说他要去外地了,希望我能去送送他,日期是六月,那几天我刚好天天跟玛格丽特见面。我们走在跨江的大桥上,风吹起江面泛起层层涟漪。玛格丽特突然说了一句,对不起。却不说缘由。

我想我是知道的。我想问她,为什么你喜欢他却不告诉他?是不是每段年少的爱都脆弱得经不起拒绝?

5

父亲拿起录取通知书放在我手里,眼里噙满了羞愧,苍老的脸上满是时光刻意留下的痕迹。他说,去上学吧。他站起来,那张木椅"吱呀吱呀"地响起,他用那饱含沧桑的声音说,我决定要和你妈去外面打工了,顺便带她去散散心,兴许能让她开心点儿。以后你就住你大伯家吧,要听话!

我愣在原地,张张口,却说不出一个字。

我总以为父亲不爱我,至少不够爱。可看着父亲那有些佝偻的背影,我突然发现他的身子有一半是被我压弯的。父亲爱他的女儿,即使这个女儿性冷情薄。只是这个不善言辞的老男人不懂得表达自己的爱。我总是喜欢把自己置身事外，以为这样就不会受到太多伤害。我把自己武装得太好，无坚不摧，却也把太多太多的关爱阻挡在我坚强的城堡之外。

置身事外，却无法做到旁观者清，这跟掺和其中又有何区别？

我后悔了，我也不是真的什么都无所谓。我要拆掉我的城堡，我要把那些被我遗失的爱与关心全部找回来，就让我在爱里流浪好了，总比待在冷冰冰的城堡里强。

6

九月，当葱郁的香樟树投下一片阴凉的时候，我入学了。父亲带着脸上总是布满荫翳的母亲去了外地，我寄住在大伯家，生活沿着平静正常的轨道前进。好像什么都没发生过，很平静；但好多东西都改变了，出现过又消失的周思离，陪我上学放学的男孩儿，还有一颗由冰冷变得温热的心……过去的已经过去，以后的生活还要继续。

就如我十七岁的雨季，雨下过后，再也找不到来时的踪迹。

在风和日丽里遇见你

一场多巴胺的爱情

裸夏木槿

我和武的认识，只能说是一种奇妙的感觉。用泽美的话来说就是荷尔蒙分泌睾酮和雌激素，然后在某个特定的阶段，分泌出多巴胺和血清胺，所以会产生这样的感觉。

文靖让我陪她去魔城玩，我赖在床上不愿意去，我说像我这样胆小的哪敢去啊，但我还是被她硬拖出来了。真是胆大得不要命，人吓人吓死人。我假装抱着魔城前面的柱子，死活都不肯走，看着高高的塔里面阴森的样子文靖也害怕了。之前她还说我是怂包蛋来着，我看她那样我得意地笑她也是怂包蛋。然后我说，咱们别去了吧。

武就是在这个时候出现的，他的出现绝不是偶然，他是文靖约出来一起壮胆的。我还在低头玩手机，武和文靖已经在里面买门票了。然后文靖叫我进去，我哭丧着脸，说我不行，说我害怕。她鄙夷地看着我说怂包蛋，然后一副你不去就绝交的表情。

"门票都已经帮你买好了哦!"我狠狠瞪了他一眼,真是自作多情。当时的我对他并没有好感,顶多就是觉得他是一个爱管闲事的人。

被逼无奈才进去了,木头的门吱吱呀呀打开的声音就已经把文靖吓得半死了。我走在他们俩的后面,其实我不怕像这样的鬼屋,旅游景区开发这些以盈利为目的的鬼屋其实并不恐怖,找借口不去只是我觉得五十块钱的门票花得有些心疼。

往前走着走着,突然地板开始晃动了,然后愈演愈烈,像是七级地震一样,耳边还一直有声音传过来。在漆黑的屋子里,突然的晃动让我有些重心不稳,也把我们三个人分离开来。

我靠在墙上,猛烈的晃动让我左右摇摆。突然,一只有些粗糙的手抓住了我的手,"来,跟我走。"

我的脑袋顿时就炸开了,然后就这样被牵着走着。我一点儿都没感觉到这魔城里的怪声音还有此时正在体验的地震。我觉得那一刻我一定是穿越了或者是被外星人劫持了。

他拉着我走向文靖,文靖想走过来,结果一头撞在了他的胸膛上,他一下子松开了我的手,伸手去抱住了她,后脑勺却猛地撞到了后面的墙上。

我最后也因为猛烈的摇晃没能站稳,所以靠到了墙上。漆黑的屋子里一丝光亮照在了他俩的身上，他紧紧地抱住她，我就这样直直地看着他，心生悲怆。

几分钟过后，地震的冒险结束了，我稳稳站在屋子里，手上那一瞬粗糙的不适感还停留在手心。

为什么我会觉得有些失落呢。

之后在魔城里发生的一切我都没什么感觉，只记得把手伸进一个怪兽的嘴巴里说真话的时候，我怎么就莫名其妙说了一句，他喜欢文靖对不对。然后怪兽没有咬我的手，说明我说的不是谎话。我却越发感觉在这个阴暗的屋子里有点儿喘不过气，而文靖一边尖叫一边吓得死死拉住他的衣角不放。

大抵是不需要被保护吧。抑或是从来没有被保护过所以才觉得自己很强大吧，所以一丁点儿的温暖都觉得像是火炉温暖了整个心房，温暖到冰山都要融化了一样。

从魔城出来，文靖的腿都被吓得发软了，他扶着她走出来，我就跟在后面。眼前的光亮有些刺眼，文靖好像确实被吓得不轻，而他还在揉他的后脑勺，笑着说，撞得真疼。他憨憨地笑着，然后我的心里就好像真的有漏跳了一下。那个笑容如掌心的温度一样，都是暖暖的。

然后我笑自己，还真把自己当小说的女主角了啊。怎么这样容易就被感动了，怎么这样容易陷入这场名叫爱情的漩涡。

书上说多巴胺带来的激情会给人一种错觉，以为爱情可以永久狂热。我也觉得我对他的感觉会随着时间的增长愈来愈浓郁。

文靖在猫空里写了一张明信片，她写道：小武子是英雄，小乌龟也不是怂包蛋。我们玩得很开心。

文靖让我也买一张明信片来写写，然后寄给未来的自己。我笑笑说不用了，眼角瞥过那一墙花花绿绿的明信片，其实我也很喜欢这些文艺青年做的事情，但是这些昂贵的价钱却让我怎么也文艺不起来。

他给文靖的明信片上画了一棵大树，树下有一个指示牌，上面写着前方我们一起浪。文靖笑他字写得真丑，文靖说，小乌龟的字超级好看呦！

我笑笑没说话，我觉得也许他不会在意这些细节。

自从周庄的写生之旅结束以后，我就再也没见到武了。文靖也开始在学校和不同的人约会，我有时候还会发呆，想回忆起那天手心的温度和质感，却好像怎么也回忆不起来。

突然有一天文靖告诉我，武有喜欢的人了。我愣了愣，然后回忆他的模样，文靖的样子似乎有些不开心。

文靖非要拉着我去找武，问他到底喜欢的人是谁。我戴着耳机，假装没有听见他们的对话。

武突然被这样询问有些不好意思,也不知道该怎么回答。但我知道,从上次我们在魔城出来的时候,我见他看她的眼神的时候我就知道了。

武面对着她,然后指着我。我突然惶恐地低下头,然后传到我耳边的话我大概这辈子都不会忘记。他说:"我喜欢她。"

后来的后来我就不记得文靖是怎么离开的,然后我也不记得我为什么没有问他为什么要这么说。记忆里拼命想抓住这个片段,却怎么也回忆不起来。

我知道后来是我追上了文靖,但我却什么都没说明。突如其来的这样简单的一句话,却让我陷入了万丈深渊。

幸好文靖心情低落了几天之后又好了。她对他的感觉或许就是那种好朋友有了喜欢的人,然后自己就又失去了一个能陪着自己一起玩,并对自己好的朋友而已。是啊,像文靖这样漂亮的女孩子,谁不是捧在手心上当宝一样。连我都害怕他的一句话之后我们再也做不成朋友。我怕我会一个人孤孤单单的再也没有人不嫌弃我了。

我不敢拆穿他的谎话,我更不敢告诉他我是喜欢他的,我想和他相恋。

书上说,多巴胺的强烈分泌,会使人大脑产生疲惫感,所以大脑只好让那些化学物质成分自然新陈代谢,这样的过程可能会很快。我把这一切告诉远方的泽美,泽美嘲笑我是老女人的青春期到了。

也许真的是多巴胺在作怪,才让我对他产生了这么奇怪的感觉。武后来加过我微信,跟我说对不起。我问他为什么不告诉她,其实你喜欢的是她。

他说,我想在对的时间里和对的人在一起,但那时候不是对的时间。

我在心里嘲笑自己,差点儿误以为谎话也许能变成真话。

我始终都没告诉他其实我是喜欢他的。但我不知道他是不是我在对的时间里遇到的对的人。所以这一场多巴胺引发的爱情匆匆开始,不知何时也就结束了。

当我们都毕业了,大家欢快散场后,我收到了来自一年前我背着文靖偷偷去猫空写的寄给未来自己的明信片。

熟悉的字迹,模糊了我的眼睛。

"一年后的你过着怎样的生活,一年后的你身边又会站着什么样的人。"

我猜那时候,我肯定觉得我会遇到一个他,我喜欢他,他也喜欢我,然后我们是在对的时间里遇到了彼此。

只是随着多巴胺的减少和消失,爱情的感觉也开始减少,直至消失,于是就分道扬镳了。

在风和日丽里遇见你

zzy 阿狸

1

小学每次第一学期期末考试都痛不欲生,铃声一响就屁颠屁颠地跑回家,把烦恼全部留给那栋五层的教学楼。回到家里每天都会掰着手指头倒计时新年,小时候很期待过新年,有好看的新衣裳,有胖胖的红包,有吃不完的糖果……

也不知道什么时候开始,丢失了那种感觉,再也找不回来。或许是从爸爸遭遇车祸开始的吧,妈妈对这个家庭彻底绝望,再也没有人会在大年初一给我编好看的小辫子,穿上好看的花衣裳……夏禾摇了摇头,试图终止这个奇怪的想法。转念又想,爸爸和妈妈离婚以后,他心里其实好受多了。

这时候已经是高一下学期开学的第一天,夏禾一大早在家里做好早餐,在冰箱门上贴了一张便利贴提醒爸爸早餐在微波炉里记得热一下再吃后,一路狂奔至学校。

她是第一个到校的,教室还没开门,室外的气温有点儿低,她便爬窗进入教室,因天色较暗,愣是把负责开各个教室门的老大爷吓了个半死。

高一第一学期夏禾每天是最后一个到的;第二学期她每天是第一个到的。

2

同学们陆陆续续到来,教室里像一锅烧开了的水,热闹极了。

七点半班主任开始点名,叫了好几次杜木的名字都没人答应,夏禾这才注意到同是坐在单人单桌列的杜木还没有来。

夏禾悄悄地从书包里掏出诺基亚给杜木发短信,刚开始输入的是:"死哪儿去了!"觉得有点儿不妥,把叹号改成了问号。最后又觉得这样写显得自己和他的关系太过亲密,于是又逐个字地删除,最后抓耳挠腮了好一会儿才输入:"大神,你要是不念书了,能不能把你的学习秘籍传授给我?"

手机显示信息发送成功后，感觉到班主任的眼神在往这边飘，夏禾装作在找东西很自然地把手机塞进桌肚里，认真地听班主任唾液乱飞的期末考试试卷分析。

一分钟后，桌肚里传来"叮"的一声，打断了班主任的激情演讲。

3

夏禾瞬间多年的颈椎病腰椎病都好了，后背挺得老直。

平时手机扬声器总是失灵，声音小得像蚊子。这种场合，这个时间，它用豪迈的"嗓音"证明了自己雄厚的功力。

班主任气急败坏地说："个别同学不要以为自己成绩有进步就肆无忌惮！下不为例！"

夏禾心里一万匹羊驼呼啸而过：臭诺基亚、臭诺基亚、臭诺基亚……

偷偷摸摸地掏出手机一看，杜木发来的信息只有一个叹号。

臭杜木、臭杜木、臭杜木……

杜木赶回来的时候，班会课已经结束，班主任在门口说了他几句后就放过他了。

你看，成绩好多好，开学迟到都不会挨骂。

杜木书包还没放好就径直走到夏禾跟前，没等他开口，夏禾黑着脸先开口了："你刚才害得我差点儿被老师批！"

杜木站着反应了一会儿后捧腹大笑，然后摆摆手说："这不怪我。好吧，作为补偿，上学期给你的那张无条件帮助令再延期一个学期。"

夏禾找了找桌肚，说："那张纸条不见了，你再写一张吧。"

杜木从她的桌面上拿起一张绿色便签刷刷地开始写。

夏禾忽然想起了幼儿园邻桌的小胖子，虽然整天邋里邋遢，但写字课上写得一手好字，这让连自己名字都不会写的夏禾情不自禁地感叹："好字啊好字，真是人不可貌相。"

后面那句是在电视剧上学来的。

此刻她禁不住又在感叹了："好字啊好字，真是人不可貌相，你长成这样……"

放学后，夏木、夏禾还有杜木三个人一起骑车回家。

时间慢悠悠得不像话，但有些东西在被偷走的时间里偷偷地改变着。

4

一天下午放学后，夏禾、杜木和夏木三个人一起骑车去夏禾家。夏禾爸爸说要谢谢这段时间他们对夏禾的帮助，要煮一顿好吃的给他们仨。

叮叮叮的车铃声回响在两旁种满了香樟树的小路上，像一只只轻盈的春日小精灵。

到家的时候，夏禾爸爸正在揭门上的招租广告。夏禾爸爸和妈妈离婚后原本给妈妈腾出的独立卧室闲置了下来，夏禾建议爸爸把房间租出去补贴家用。

夏禾兴高采烈地问："才贴了没几天就租出去了？"

夏禾爸爸笑笑说："对，那人你还认识呢。"

身后的夏木挠挠头，一脸腼腆："以后麻烦叔叔照顾了。"

夏禾爸爸摆了摆手道："你爸爸是我的好朋友，他被外派去外省工作两个月，我照顾你是应该的。"

夏禾的心里咯噔一下。

那顿饭吃得真高兴，大家笑逐颜开，欢天喜地，开开心心的。

吃完饭后四个人就忙着帮夏木搬行李，收拾房间。一向利索的杜木却在搬东西的时候砸了几次自己的脚。

夏木和夏禾的房间只隔着一堵墙。两个房间的摆设是对称的，换句话说，他们的床紧靠着同一堵墙……

杜木发现了后立马跑进夏禾的房间，背着双手一副职业江湖风水师的模样，嘴里念念有词，然后掐指一算，一边叹息一边说："这房间的摆设不对啊，尤其这张床，怎么能靠着这堵墙呢，必须远离！夏爸爸你说是不是？"

门口传来夏禾爸爸爽朗的笑声，夏禾满脸黑线……

杜木也笑了，然后试探性地说："夏禾你不介意吧？"

5

每天放学的三路分队变成了两路分队。

一边打打闹闹，一边形单影只。

会习惯的，会习惯的。

期中考试很快就考完了，三个人都有为这次考试做很认真的准备，但结果却不怎么好。

夏木依然排在全级前三十名，夏禾和杜木都考砸了，杜木再差也到了全级前五十名，而夏禾跌到了全级四百名外。这样的成绩的确不算太差，但夏禾心里清楚得很，物理、化学、生物三科惨不忍睹，只有文科那三科还算过得去。

拿到成绩单那天，夏禾在厕所里哭了好久。

期中考后有一场家长会，学校要求各个班级组织学生来主持，班主任挑了夏禾和杜木。看起来是没有什么难度，动动嘴，说说客套话，但每天下午排练的时候夏禾总是心不在焉。

家长会那天，班里大部分同学的家长都来了，夏禾爸爸说店里忙走不开所以没去，但当夏禾站在讲台上时，总觉得有一双眼睛在盯着她，她浑身不自在。

家长会的流程是先介绍学校这几年的发展，再介绍今年的高考情况，然后分发学生的期中考成绩单，最后是家长与老师自由交流。

前面几个流程都蛮顺利的，最后一个环节换班主任上台，夏禾正想着终于没自己事儿了准备屁颠屁颠地下台，这时一个家长用很大的嗓门喊道："等一下！"夏禾吓了一大跳，倒是杜木很淡定，扯了扯夏禾的衣角示意她转过身。那个家长接着说："高一期末就要准备文理分科了，你们俩想选什么？"

夏禾瞬间心跳漏拍。

杜木笑笑说："我们当然选理科啊，你说对吧夏禾？"

"我……不确定……"

6

班主任看出了气氛的尴尬，忙哈哈笑了几声走上讲台："这个问题没什么好讨论的，大家还是来了解一下自己孩子的学习情况吧。"

夏禾拎起自己的书包一个人骑车回家，杜木看着她的背影有点儿不知所措。

7

回到家后,夏禾想和爸爸好好讨论讨论这个问题,噔噔噔地上了二楼,感觉有人在厨房里忙活,她凑过去一看,是爸爸和一个阿姨在做饭。

夏禾忽然有种很不安的感觉。

爸爸留意到站在门口的夏禾,忙说:"禾禾,你怎么这么早就回来?快去换件衣服出来吃饭啦。"

旁边的那位阿姨有点儿拘谨地笑了一下。

换完衣服后,爸爸已经张罗好了晚饭,夏禾坐了下来,那位阿姨一边给她夹菜一边说:"夏禾在念高一是吧?高一学九科比较辛苦,多吃点儿才有劲儿学习。"

夏禾说不出一句谢谢。

爸爸用筷子敲了敲夏禾的饭碗:"还不快谢谢刘阿姨。"

刘阿姨一脸慈祥:"不用不用,多吃点儿。"

这一顿饭吃得有点儿尴尬,本想和爸爸商量文理分科的事儿,却怎么也说不出口。吃完饭,爸爸低着头有点儿拘谨地说:"禾禾,这是刘阿姨,以后……"

夏禾没等他说完就站了起来跑进卧室,反锁上门,扑在床上哭,大颗大颗的眼泪泅湿了枕头,像关不住的水龙头。

她不是不想爸爸幸福，只是短时间内她没办法接受，加上学习和文理分科的压力，她几乎要窒息了。

门口传来刘阿姨安慰的话语："你给她一点儿时间吧。"

8

第二天回到学校，夏禾刻意躲着杜木，杜木便不好当面问夏禾她怎么了。后来杜木给夏禾发了很多条短信，但夏禾一条也不回复他。

委屈得杜木几乎想撞墙。

距离填文理分科意向书的日期越来越近，那种感觉就像考试的时候你看着距离收卷时间越来越近，但不会做的还是不会做，别人可能会说再给我几分钟我一定能把试卷做完，但你打心底里知道，就算多给你半个小时甚至一个小时你也写不出正确答案。这不是选择题，错了一题顶多扣几分，这次如果选错，将满盘皆输。

现在每天刘阿姨都会来家里做饭，做完饭后趁夏禾回家前就走，夏禾心里知道，但却一直不提这件事。

两个月的时间过得很快，夏木要收拾东西回家了。收拾东西那天只有夏禾、爸爸和夏木。趁爸爸下楼拿东西的空隙，夏木敲了敲夏禾的脑袋："我知道你最近很难受。你为什么不问一问自己心里的答案是什么？还有刘阿姨，你这样拒绝她的加入也不是办法,当初你是很支持你爸爸离婚的,不是吗?你为什么不敞开心扉和刘阿姨聊一聊呢,我看得出她很疼你。"

夏禾低着头,红着眼眶不说话。

星期六的晚上,爸爸突然发烧,夏木又搬走了,夏禾一个人应付不来,竟然想到打电话给刘阿姨。刘阿姨迅速赶来,和夏禾一起把爸爸送去了医院。一切安顿好后,夏禾忽然提议说:"我们去走廊走走吧。"

医院里满是消毒水的味道让夏禾很不适应,刘阿姨拉着她的手边往外面走边说:"医院里的味道我也很不习惯,你要好好照顾自己,不要住到这种地方来,知道不?"

夏禾心里有一股久违的暖流。

那天晚上天气很好,刘阿姨低着头笑了笑说:"我知道一时半刻让你接受我是挺难的,所以不用急,能看着你和你爸健健康康地生活就好。"

夏禾红了眼眶。

刘阿姨试探性地问:"夏木跟我说你最近在纠结文理分科的事儿,虽然大家说文科没前途,但如果念了自己不喜欢的专业,一辈子从事一份不感兴趣的职业那多不值啊,人生最重要的是开心。不过无论你选什么,阿姨都支持你。"

那天晚上的月色温柔得把人都惹哭了。

9

刘阿姨执意在医院里守夜,让夏禾赶紧回去休息。夏禾睡觉前打开了诺基亚,给杜木发了一条短信:"对不起。"最后由于太困,昏昏沉沉地睡了过去,但手里还紧紧攥着诺基亚。

她不知道另一头的杜木兴奋得用冷水洗脸让自己淡定下来。

第二天杜木给她解释说:"我不知道原来你不喜欢理科,我还以为我们俩能……一直一直在一起……对不起!你要想念文科就去念吧……我永远是你坚强的……呃……挡箭牌!"

夏禾摆出一脸的嫌弃模样,但心里无比高兴。

10

文理分科意向表填好的那天,夏禾觉得心里的一块石头终于落地了,以后能够毫无顾虑地朝着自己的目标冲刺了。

期末考试性命攸关,文科的考查范围较广,夏禾背得都快要吐血了。

每天下午放学后三个人一起去市图书馆复习一个小

时，晚上八点洗完澡后夏禾还会拿着文综复习资料在二楼的阳台，一边背知识点一边晾干头发。

每天晚上站在阳台，一个人，一本书，一只孤零零的灯泡，偶尔会有一种莫名的孤独感向全身袭来。风吹得不用力，穿过发梢滑进耳朵，轻轻地酝酿着夏禾的梦。

摇摇欲坠。

11

在夏禾楼下徘徊的杜木小声地嘀咕。

从夏木搬去夏禾家里的那天起，杜木就每天晚上都会骑单车到她的楼下转悠，虽然夏禾长得比较安全，但还是有点儿不放心。

他早就想好了，只要楼上情况有一丁点儿不妙，不管三七二十一他就拎着棒球棒冲上去。

现在夏木搬走了，这个习惯却改不了。

看到夏禾走廊的灯熄灭后，杜木伸了个懒腰，准备悄悄地骑车回家。原来未来岳父家附近的环境不错嘛，他傻傻地想。

夏禾扑在床上倒头大睡，在清醒的最后一刻还不忘瞥一眼贴在床头的那张绿色便签：这是无条件解答令。只要出示该纸条，无论何时何地，杜木都要无条件为夏禾解答学习问题。

好字啊好字，真是人不可貌相。

手机里与杜木的短信，夏禾一条也没舍得删除，一个个字符手牵手围绕着夏禾跳舞。

刘阿姨蹑手蹑脚地走进房间里给她盖好被子。

12

夏禾已经开始慢慢接受刘阿姨了，其实只要爸爸能够开心就够了。

至于夏禾、夏木和杜木，只有夏禾选了文科，但没关系啊，只要选对了方向，怎么走都会离自己的梦想越来越近。期末考试还没到，故事也谈不上结局，但我知道无论怎样他们都会一路狂奔下去，奔向那个更好的未来，奔向那个有你的未来。

下一个夏天的故事，让你来写，写一个只属于你的故事。

我和她一样，想做那只扑火的飞蛾

街 猫

"贝贝，我跟你说多少遍了，臭袜子不要放在抽屉里！"

"老妈，我跟你说多少遍了，不要帮我收拾房间。"

"少跟我不知好歹，我要不帮你收拾你房间就成狗窝了！你的肥猫都嫌弃你，三天两头往我房间跑。"

"别挑拨离间了，可乐最喜欢闻我的臭袜子，哈哈！"

"你一个姑娘家家的这么邋遢我看以后谁要你！"

"谁说我没人要！"

"有人要你了？"

"……"

"贝贝，看书去，再玩电脑我帮你把电线拔了你信不信？"

"给我十分钟，就十分钟！"

"贝……"

"五分钟！"

"贝……"

"三分钟！"

黑屏。

"干什么呀你，我在保存东西你知不知道！"

"少在那装相，死丫头！"

"贝贝，今晚你洗碗。"

"妈，你又不是不知道，我最讨厌的就是洗碗，你让我干别的什么都成。"

"那好，碗我洗，你去浇花，拖地，洗衣服。"

"凭什么？！"

"凭你每天吃我的穿我的，每次考试要我闭着眼睛签字，现在我还得起早贪黑地工作给你攒嫁妆，怎么让你做点儿家务还委屈你了？"

"不委屈不委屈，妈你别动气嘛，要不我今晚洗碗浇花，明天再拖地洗衣服？"

"我现在出门，要是我回来还看到洗手间那桶衣服就把你的肥猫从窗口扔出去。"

得。她现在是看我越来越不顺眼了。我开始思考是用我的零花钱还是请求她帮我换一把房间门的锁。锁两个月前坏了，一直没换，但最近我越来越受不了她了。我需要夺回我随时把她阻隔在房门外的权利。

我发现我跟我妈没办法长时间和平相处，我上学住校的时候我们还会发发短信聊聊电话，说一些"你要按时吃饭别让我担心""照顾好自己""天冷了多添件衣服别要风度不要温度"之类的有点儿肉麻又有点儿温暖的话，周末回家她会做一大桌子菜，心情好的话还会买个小蛋糕去学校接我。而一旦我放长假回家待超过半个月，那就什么都完了。她事无巨细地挑剔着我的不良生活习惯：吃饭时抖腿、洗澡后忘记关灯、把手机放在冰箱里、在床上吃东西、熬夜、洗衣服只把自己的洗干净而把她的洗得马虎（这个纯粹是她心理作用）、整天低头玩手机等等。

我觉得我就是她的眼中钉。

待我洗完碗，浇完花，洗完衣服，拖完地，发现手机有一条未读短信，显示着卡诺的名字。他说："宝贝，在干吗啊。"

"在想你"太俗了，我打了又删掉，"在做家务"冷冰冰的，删。我边想着怎么回他信息边赤着脚向阳台走去，我想回他点儿轻松愉快的东西。意外地看到我妈坐在阳台上抽烟，她的目光眺望着远处的房屋。不记得她是从什么时候开始抽烟的了，从我爸离开以后吧，但她极少在我面前抽。不知怎么解释，像我妈这种抽烟的女人总是容易让人感觉到她的疲惫，这种疲惫甚至席卷到她那支冒着袅袅轻烟的香烟，于是她整个人都变得摇摇欲坠了。是我让她如此疲惫吗？想到这里我不由自主地咬了一下唇，按下了发送键："跟我妈吵架了。看到她开心我把她弄不开心，看到她不开心我更不开心。我压根就是个神经病！"

他回得飞快："你和其他神经病不一样，主要你知道你是一个神经病。"

过了半分钟，又来了一条："听妈妈的话，别让她受伤，你知道她没几年给你折腾了。"

这个混蛋，对我永远一针见血！

我妈不知哪来的兴致，掐灭了烟叫我去洗澡要带我上咖啡馆。从洗手间出来我发现我妈换了一条紫色的吊带裙，裸露的肩颇有几分性感，我妈到底风韵犹存呢。我低头看了一眼自己身上两年前的牛仔短裤和抹布一样的T恤，自动自觉地滚回房间换了一件麻料带领上衣和咖啡色铅笔裤，她买给我的。换完衣服我在房门后给他发了条短信："我妈今晚穿得很sexy哦，她要带我去约会。"出门前我妈套了一件我的磨旧牛仔小外套，说怕风大会冷，我怎么感觉她在害羞。

在咖啡馆里，我妈告诉我她替我报了数学补习班明天开始上课，我说好。大概没想到我会如此爽快地同意，她一时失语。我们有一搭没一搭地聊着天，空气里飘荡着抒情的音乐，我听得出这是用唱片机放的。我房间里也有一台这种旧东西，是我爸留下来的，我很少玩，现在谁不是听CD啊，不过呢，唱片机是一个不错的室内装饰品。我感觉到她有重要的事情或话要跟我说，于是我也正襟危坐装出一副想跟她认真谈谈的样子，期待我们能有一场真正的谈话，类似外国小说中父亲或母亲与叛逆子女进行的一场将深刻地影响其一生的重要谈话，但千万别是性教育，这个我自己百度就可以了。但她迟迟不说重点，而我口袋里的手机在震动，震得我的大腿麻麻的，把我的心也搅得麻麻的。我实在忍不住拿手机出来看："约我啊，零抵抗。"

"你是不是在抽烟？"我问妈妈。

"你怎么知道？"

"直觉。"

"冰雪聪明的姑娘。"

我的手指在桌子底下飞快游动着，与我妈的对话不自觉变得敷衍。然后她手机响了，她拿出去接，我爽翻了天。直接把手机拿到桌面上来按。和他聊天时间总是过得很快哪怕是争吵的时候，他聪明，幽默，不啰唆，不装，偶尔我还能感受到一点儿温柔。发短信时我的心乱七八糟地跳着，那种感觉像就要踩空楼梯，又像小时候做错了事情怕被我妈发现。我时不时看一下门口，她一直没回来，我也就放松了警惕。

我看了一眼手表,快十一点了,可我妈还没回来,她接的什么电话那么久?我开始有点儿担心,于是我边走出去边打她电话,走到门口看到她就站在咖啡馆门口的左侧,表情呆呆的,听到手机响反应过度直接把手机摔到了地上。我说妈你站在这里干什么,她蹲下去捡手机,仰起脸笑笑说没什么,那笑容有些不知所措。她今晚好怪,我说不上来,察觉到了她的脆弱,而这脆弱并非针对我。回家的路上我们都没怎么说话,她只是提醒我明天九点去上补习班别迟到。

补课是无聊的,补数学是无聊中的最无聊。我觉得我只是换了一个场合和卡诺发短信。以至于后来我翻看那上百页短信的某一部分时脑子里会呈现昏昏沉沉的讲课声,窗外的知了声,一些同学的碎碎念。

唯一有趣的事情是那次我在回家的路上看到小森和一个短发女孩儿肩并肩地走在一起,那个女孩儿穿着白领衬衫和百褶裙,背着一个糖果粉色书包,看着特萝莉。我好奇心一下被勾了起来,看着他们无处可放的手犹犹豫豫地伸了一下又缩回,又伸了一下又缩回,好几次就还差了那么一点儿没牵上,这种小男生小女生的纯情画面看得我乐不可支。

小森这个漫画游戏宅男也情窦初开了吗?他不是只喜欢长头发的女生吗?我迫不及待地想跟君宝分享这个秘密,她前几天才说,我真心希望我弟能找个女生谈恋爱,有事没事和他的小女朋友出去约会,这样就可以把电脑让给我了。阿门。

我完全没预料到还有更有趣的事情在家里等着我:一个男人搂着我妈的腰在客厅里跳舞,我妈穿着那晚那条紫色吊带裙,我房间里的唱片机被拿到了客厅的桌子上,放着一首俗不可耐的舞曲。

哦,呵呵,真有趣。

我一定要马上换一把锁才行,免得某些人随时进我的房间乱动我的东西。

他们停下来,我妈神色尴尬,那个穿着西装头上没几根头发的男人倒是镇定,他在对我微笑,我敢保证——就算再过二十年我爸头发还是比他现在多。

洗碗。咖啡馆。电话。补习班。原来一切都是早有预谋。妈妈你尴尬什么呢?继续跳舞啊。你本就该有你的生活,你的事业,你的爱情,你从未失去过你的美丽。如果没有我,你会一直美丽下去。放心吧妈妈,我才不会像那些不懂事的小屁孩儿那样大哭大闹说你只能是我一个人的妈妈。我才不会破坏你的新爱情,我才不是那种不讲道理的任性的自私的小孩儿。我不愿让你疲惫,不愿让你一个人坐在阳台上抽烟。只是妈妈,帮我给房间换一把锁吧,只配一把钥匙。那是我一个人的房间,没有我的允许,谁也不准进去。

你们继续,我去君宝家写字。说完我转身就走,听到她在背后叫我"贝贝",我没回头。

我没回头。我漫无目的地走在街上,阳光刺眼,我却感觉像是走在童年那条越走越绝望的深夜马路。我不知自己是怎么了,也许是还没缓过神来,胸口很闷。我蹲在长椅上拨了卡诺的电话。此刻我急需有个人跟我说说话,我第一个只想到他,即使我们相隔千里。拨通后我却说不出话来,听到电话那头嘈杂的音乐。他很忙,他说:"你怎么了,说话啊,不说话我挂了。"按照往常他一定会挂了的,但那天,他没有。他帮人找碟,收钱找零,搬货上架,但他一直没挂我电话,等停下来的时候,他用一种有点儿无奈又有点儿心疼的语气问我:"你到底怎么了?嗯?"

这种温柔让我差点儿掉眼泪。

"没什么,只是想你了。"

"想我就来找我呗。"他满不在乎地说。

"找就找,谁怕谁啊?"

看着窗外飞快倒退的景色,胸口的阴霾都散开了,我又感受到那种只有在做坏事时才能感受到的愉快。小时候有人说我像我妈,有人说我像我爸,有人说我两个都像,现在我确定了,其实我更像我妈。

我和她一样,都深深地、深深地想做那只扑火的飞蛾,愚蠢地以为,美丽是一种天赋,不管不顾的人才值得拥有。

还好我们早早遇见

李寻乐

刚转学的时候,父母还曾担心我不适应远方的环境,想要劝说我留在家乡,不要和他们过去。可我知道,我是多么期盼那一天的到来。

那天阳光很好,不远处的海边还飘来丝丝咸味,格外令人怀念。而我也在老师的介绍下,选择了与你同桌。我天生耳朵听力有点弱,碰巧那天助听器落在了家里,于是热情的同学想和我聊天也被我的平淡、安静打破。假使我能上一分心的话,我也不会在之后的日子里被宣扬成高冷男。

但那时,你安静看书的样子着实让我离不开眼。是的,都怪你。

我一节课碰掉了你三本书、两把尺子、一个笔袋,终于让你把目光投向我。我喉咙一直紧张地颤抖着,想着等会该如何摆出温润或是高冷，抑或是阳光的样子，才能让你注意到我。可你只稍稍停留了一会儿，就被我桌子上的盆栽蛋糕给吸住了神，你有些不好意思地问我能不能把蛋糕给你吃。

我面无表情装作冷酷地和你对视了三秒说，你做我小弟我就给你吃。你惊讶地看了我一眼，转瞬间又笑着说，好啊。

那天开始，你把小弟这份工作做得特别好，而我亦按时投喂给你美味的盆栽蛋糕，尽了身为老大该尽的责任。假山旁你安静地坐在长椅上，眉眼里掩盖不了的满足让我常常梦见。

有了老大和小弟这层关系，我们之间的关系自然而然地成了同学眼里的最要好，便是他们开玩笑地说我们俩干脆在一起吧，你也有了充足的理由反驳道，他是我老大，你们别想多了。

可我其实很乐意他们想多，便是成了真也不为过。

你成绩好，上课认真听课，偶尔走神后被点到回答问题，还没等我翻到答案，你就流利地说出了好几种解法。我始终想不通，你是不是上辈子连这辈子的书都看完了，怎么我眼里送命般的题目到了你眼里，都成送分题了。

我成绩还行，马马虎虎离你不远。高三下学期班主任老周挨个询问志愿，你不咸不淡地回了一句先努力再说。老周欣慰得不说话，他想你肯定是去重点大学的料子，肯定不用他担心，可我看得出你在发呆，目光顺着窗外一路飘去，似乎随着风到了某人的身边。

高考前一个礼拜，我约你到天台上，有意无意地问起你会去哪里。我知道你肯定不会骗我，可你摇摇头，半天没有说话。前所未有的挫败感忽然生了出来，然后只能无奈地轻叹了一声。

录取结果出来了，你分数很高，却出人意料地进了不算最好的S大，而我却出乎意料地考上了B大。同学老师轮番安慰你，和你说其实已经不错了。可我知道你内心并不难过，反而开心，因为那里有一个你想念了很久的人。

而我更是知道，我也比想象的更难过。

报到那天，你开心地给我打了个电话。从学校的环境到食堂吃的，再到室友都很好。最后又轻声说，你见到顾某某了。他成了你的直系学长，你还进了他那个社团。漫长的两个小时，只单单他一人就占去了大半时光，直到电话里出现了声温暾的喊声，你激动地说了句有空再聊便挂了电话。

而我站在大太阳底下，因为聊天，成功错过了好几辆去学校的车子，直到傍晚才顺利到达学校。学校很大也很美，清风明月，一方碧塘，可我却莫名其妙地觉得有些寂寥。我想大概是年纪大了，以至于变得多愁善感了，不然怎么会这样。

你隔三岔五地和我说你在学校发生了什么，譬如顾某某带你吃饭了，和你一起做活动，又或者社团组织聚餐你和他邻座。我认认真真地听着，想象着在你旁边的是我。室友总把你当成我女朋友，毕竟我们俩的电话勤快得过分。我猛然想起，你会不会想吃我做的盆栽蛋糕，我像是一下子找到了主心骨似的，翻来覆去睡不着觉。

我通过学长学姐知道了一家手工蛋糕店，好说歹说才让店长同意了我自己做的请求，做了你最爱的香草味蛋糕，第二天一早坐上高铁匆匆忙忙地赶到你学校。你的专业课表我托人查了，特意选在了你上完课的时候。天灰蒙蒙的，像是要下雨了，我等在教学楼前的路上，不安地打量着走过的每一个人。

你依旧没变，无论是眉眼抑或是穿着，只一眼我便注意到了你，还有你旁边的顾某某。看得出来你很高兴，笑着和他聊着天，融洽异常，像是和我隔了千山万水。我一路跟在你们身后到了蛋糕店，然后听到你轻快地对他说，我要这个香草蛋糕。

你过得很好，没饿着，没冻着，没伤着。可我却怎么也高兴不起来。那个在你身边的，终归不是我。

很多故事还没开场就已经落幕了，但依旧有人开心，有人看着那人开心。

爱一个人时，浅浅地吸一口气都要无穷的勇气，不过最后只能不轻不重地叹息。

我现在很好，一点儿都不孤单，哪怕是过去都不曾那么好过。

真的。你看，我笑起来是不是还那么好看。

汤汤，幸好我们曾早早相逢。

此后时光无垠，早早散场也无妨。

我想你了亲爱的小胖子

寻

你是我见过的最凶的胖子。初二下学期,我转学到你所在的学校。当我扛着笨重的行李箱,跟跟跄跄地闯进寝室的时候,所有人都齐刷刷地扭过脸来看我,而我只注意到了你。

你的眼睛深邃得像一口井,双眼皮,眉头却总是不自觉地皱在一起,很严肃的样子,我不敢和你说话,你看起来不太好相处。

显然你留给我的第一印象并不好。原本抱着对你敬而远之的心态,可事总与愿违,我居然成了你的同桌。

你严肃冷静的样子,让我一直以为你是一个学霸。可事实证明,我完全想多了。

你有着和你不苟言笑的外表截然不同的性格,话很多,喜欢在上课的时候把课本立起来,躲在下面偷偷和同学聊天，可你从来不会找我讲话。我也不是一个主动的人，我们就这样沉默了一个星期。

一个星期后的某一天，你居然主动开口和我讲话了。

那天我穿了一条崭新的湖蓝色棉布裙子。你从书本中抬起头，从上到下地打量了我一番，说："裙子不错。"

说实话，我很开心，虽然装作十分淡定的样子。正想着要怎么回答你才显得不失礼时，你又补了一句："只是你穿起来不好看。"

我很生气，但却装作没听见的样子，整整裙摆坐下，却不动声色地往离你更远的那边挪了挪。

直觉告诉我，你讨厌我。讨厌是会传染的，我开始不自觉地对你有了些不满，怎么看你怎么不顺眼，你的毒舌，你的起床气，我全都无法忍受。

还好，月考后老师重新安排了位置，我们被拆开了。这次的座位如我所愿，离你很远。

新同桌是个温暖爱笑、身材清瘦的女孩子，说话细声细气的，不像你，一吼就能把我的耳朵震得发疼。我融入了新的圈子，和你的交集越来越少。

直到现在我才明白，原来那时我们的故事不是到此结束，而是刚刚开始。

你第二次和我说话是因为一包零食。

我容易肚子饿，所以每次晚自习下课后，都会去小卖部买点儿零食填填胃。那次，我买的是一包海带。正当我坐在床上大快朵颐的时候，你突然跑过来，眼睛瞪得大大的，用惊讶的语气对我说："你居然也吃这个牌子的海带！"

我能理解你为什么要用"居然"这个词，因为这个牌子的海带味道很怪，没什么人喜欢。但是你为什么要用"也"字呢？我的嘴巴一向反应的比脑子快："你也喜欢吃吗？"

你露出一脸终于找到知己的表情："这是我的最爱呀！"然后，你拉着我跑到寝室楼下的小卖部又买了一大堆海带。那天晚上，我们俩盘着腿坐在床上，吃到了深夜十二点。我们一边吃还一边聊天。你很幽默，每次都能让我笑得前仰后翻。

那晚，我四仰八叉地躺在你的床上睡着了。第二天我一睁开眼睛，就看到放大了无数倍的你的脸。你一脸哀怨地说："你怎么那么早就睡着了？我还没吃够呢！"

我不禁感慨：胖子的食量总是惊人的！

从那以后，每天晚上我们都会坐在一张床上边吃零食边聊天。时间久了，我发现除了吃海带，我们还有很多其他相同的爱好，比如说，听流行音乐，再比如说，看帅哥……

当我问你为什么刚开始时那么讨厌我的时候，你一脸无辜地说："我没有啊！"

"那你为什么都不和我说话呢？"

你挠了挠头发，傻笑着说："我只是不知道怎么和陌生人说话。"

其实你一点儿也不凶，只是长得比较严肃而已。

突然，你开始不再每天晚上吃零食了。

"我要瘦下来！"你叉着腰大声地说。

和你熟络后，这样的话我可听了太多次，可你从来没有一次做到过。

我以为这次你也是一时兴起随便说说。

没想到你真的开始减肥了。

三个苹果，一杯果汁，这就是你一天的食物。

你饿到虚弱得下不了床。

"干吗要和自己过不去呢？"我拍拍你的头，有些不解地问你。

你说："W嘲笑我又矮又胖，像个糯米团子。"

"干吗在意别人的话呢？"

你沉默了一会儿，脸上渐渐泛起不自然的红晕："我喜欢他。"

喜欢他，想为他变得更美好；喜欢他，想要配得上他。你真是个单纯可爱的姑娘。

我不再反对你减肥，甚至还每天天没亮就把你拉去操场，一圈圈地跑步。一个月下来，你的体重真的轻了一些。

只可惜，W还没看到你变瘦变美的样子，中考就来临了。

W是借读生，他回到了家乡备考，你还没来得及和他说一声再见，他就无声无息地退出了你的生活。

中考后，我们考上了不同的学校，从此以后就再也没有见过面了，但我仍然会每天给你打一通电话，督促你减肥。

有一天，你对我说："我不想再减肥了。"

"为什么？"

"他已经有女朋友了。"

时光走得太快，一日千里，我们反应太迟，没有不期而遇。

你不应该憋着不说的，人生的变数太多，也许，那句喜欢，你再也没机会说了。

你说："只要喜欢过，也不辜负青春一场了。"

大概现在总要留点儿遗憾，给以后怀念用的吧。

你宣布不再减肥以后，我也找不到理由再天天打电话给你了，加之高中的课业繁重，我也不再有那么多空闲的时间。

现在想来，不免怅惘，我们居然已经有半年多没联系了。写完这篇文章后，我想要立马给你打个电话，告诉你："我想你了，亲爱的小胖子。"

林深时见鹿,梦醒时见你

瓦 瓦

1. 看到天空柔软的云会想你

这是唐舒然离开的第三天。

阳光透过米黄色的窗帘洒在那张空了的课桌上,夏白注视着轻尘在那片温暖地带中漂浮着,手中的笔停了。

不行!

现在正是数学考试,不能再想他了!她猛地扯回思绪,强迫自己全神贯注地盯着考卷。

草草答卷后,夏白还是忍不住望了眼窗外柔软的云,不经意间的想念,早已成了习惯。

这个习惯从她喜欢上唐舒然时开始,像藤蔓一样潜滋暗长。

数学考试的成绩当天便揭晓。

尽管班里的一号学霸唐舒然和二号学霸欧雅三天前就去上海参加新概念英语比赛了，但夏白不温不火的成绩仍然不能趁着"山中无老虎，猴子称霸王"。

如此一想，凭空生出了距离感这种伤心的东西。

今天不再同往常一样，坐在自己前面的唐舒然不会转过来帮她分析错题了，夏白只能一个人默默地把所有失误的题目抄下来，然后把那张卷子折成一只笨拙的纸飞机。

纸飞机脱手不到十厘米，便颓废地落下。夏白任由它降落在自己的脚边没有去捡，她以为呀，纸飞机可以漂洋过海，可以跨越她所期望的距离，落在唐舒然的课桌上。

夏白又忽然笑了一下儿，开始费解一个宇宙无敌深奥的问题：唐舒然离开时，是不是顺手牵走了她可怜的智商呢，不然怎么会蠢到和一只纸飞机较劲儿了啊？！

2. 看到阳光暖暖洒下来会想你

事实证明，夏白的猜想是对的。

少女的智商果真余额不足了，竟然在收到唐舒然的短信后，欢脱得像鹿一样跳下了还有两站才到学校的公交车。

那个小街还睡在薄雾里的清晨，夏白以百米冲刺的速度奔跑着，她红着脸在笑，额前的碎刘海儿闪着晶莹，眼眸亮着光。

唐舒然的短信明明只有简短的几个字：我进复赛了，替我加油吧。

"fighting！"夏白却"喜大普奔"，她跑起来头发凌乱的样子看着特疯，对着天空大喊大叫就更疯了，但她一点儿也不介意啦，路人甲也许会把她当成一个喊着口号晨跑的热血少女吧！

任性跳下公交车的结果就是，乐极生悲地迟到啦。

校门口有检查同学佩戴校徽和抓迟到的学生干部，唐舒然以前也是其中一员。夏白想起刚上高一那会儿的事，某天早上迷迷糊糊地，居然把上幼儿园的弟弟用来别手帕的笑脸徽章当成了校徽……然后还浑然未觉地抬头挺胸进校门。

"这位同学，你闹哪样？"夏白记得那天自己睡眼蒙眬的，这个清朗的声音却很清楚地叩了一下她的心。

晨光下，唐舒然皱着眉头盯着自己："同学我们好像同班吧，你这样咱班有点儿丢脸耶……"

夏白羞惭得想当场挖地道潜逃啊！

"那我的，借给你吧。"

她没想到的是，眼前这个男生竟然取下了自己的校徽递给她。

那天，带着唐舒然体温的校徽和她的心脏贴得那么近。

那天,她望着那个拿名册掩护前襟的少年狡黠的笑,听见了自己心脏的地方,有花开的声音。

思绪飘回,夏白摇了摇头,自己真是没救了啊,"死到临头"了,还想着关于他的事情呢。

3. 看到小鹿的长长睫毛会想到你

夏白收到欧雅发过来的唐舒然的照片时,心情如同窗外美好的六月天。

照片中的少年穿着白净的衬衫,站在黄浦江畔,在城市繁华灯火的映衬下,江景甚是好看。

唐舒然去上海的前夜,他们也是一同到江边散步。夜色下的江景总酝酿着一种醉人的美,路旁的青草间,跳动着闪亮萤之光。周围有许多地摊,摆着精美的手工饰品,那种串着刻了彼此姓名的珠子的情侣手链,夏白真想买一个送给唐舒然呢。但她最终选了一个四叶草的手链,希望能给他带去幸运。

"夏白你知道吗,人们都追求代表幸运的四叶草,殊不知随处可见的三叶草的花语是幸福呢。"唐舒然戴上夏白买的手链后,在草地里摘下了一株小小的三叶草,他说,"夏白,我想把三叶草送给你。"

那株小小的三叶草被夏白夹进了最宝贝的笔记本里,她想,幸福已经被她好好地珍藏起来了。

4．即使你在我身边，还是忍不住想你

夏白临睡前还是忍不住点亮了手机屏幕。

QQ消息安静得如同这个再平凡不过的夜，耳边清晰地只有自己的心跳声。特别关系那栏，唯一的那个小鹿头像是灰暗的。

夏白发那条说说时，似乎被一种奇妙的感觉牵引着，心跳告诉她这是临时的勇敢，大脑却告诉她这是心底重复了无数次的真实念想。

她说，看到天空柔软的云会想你，看到阳光暖暖洒下来会想你，看到小鹿的长长睫毛会想到你，即使你在我身边，还是忍不住想你。

立马就跳出叮咚的评论提醒，像是那不经意间腾空绽放的烟火。

"我猜啊，你每次想念某人的时候都会打喷嚏。"是那个小鹿头像，来自唐舒然！

"为什么啊？"

"笨蛋夏白，因为那个人也在想念你啊！"

你蹑足而至的温柔

喜欢和你在一起

骆驼吖

1

照片上傻笑的丫头，我已经很久没有见过她。昨天她给我打了个电话，她的声音一点儿也没有变。

"怎么办呢？我好想念你呀。小六你不想我吗？"

我心里乐开了花，却故作深沉。

"我只是把想念你的时间花在了学习上。"

电话那头随即传来婉君爽朗的笑声，那声音落在我的耳朵里，好像踩在沙滩上。

"稳重点啦，小淑女。"

"知道啦……收到我的照片了吗？"

我手里拿着相片，望着相片里定格在三年前的婉君和自己。那时我们正年轻，惊于彼此绽放的美丽，从未想过成为彼此的牵绊。从萍水相逢到形影不离，原来友情是这样奇妙的东西，紧紧地，把两个各不相同的人联系在一起，并给予最大的祝福。

2

那一年，我怀着对体重深深的怨念，吃了很长一段时间的青椒，顿顿油荤不沾。可是食堂里的饭菜对我来说却充满了深深的恶意。几乎每一顿都有青椒，每一次我端着盘子站在那看着一大盆发着幽幽油光的青椒发呆时，食堂大妈总是热心地对我说："小姑娘喜欢的话我给你多盛点……"

"不……不用了。"我不由扶额叹气。放眼望去，却没有我喜欢的茄子。

"宿命呀……"我心里默默在流泪，接受了食堂大妈热情的馈赠……一座小山一样的青椒。

我坐在餐桌前迟迟不肯动筷，直到一个女孩儿坐到我面前，把一盘茄子推给我。

"同学我们换一下好吗？"那女生长着一张好看的脸，此刻仿佛沐浴在圣光之中。

"好呀好呀。"我毕恭毕敬地接过茄子，心满意足地吃了起来。

"同学你叫什么名字呀……喂,你慢点儿。"她还未动筷,我面前的饭菜已经去了一大半了。我一边把饭菜往嘴里送,一边含糊地说着:"我叫小六,不喜欢吃青椒的小六。"

　　"噗,哈哈哈……我叫婉君,不喜欢吃茄子的婉君!"婉君突如其来的笑声令我险些噎着。我抬起头看着她笑,她伸手便捡起我脸上的米饭粒。

　　看,我们俩就是这么一拍即合呢。

3

　　我们的故事就这样开始了。

　　我们会以彼此的名义给对方写信。我会写:"杨小六你真是一个可爱的女孩子呢"。婉君则不甘示弱地回信:"哪里有夏婉君可爱呀。"玩得不亦乐乎。有时候我觉得,我们在一起越久,杨小六就成了夏婉君,夏婉君也就成了杨小六。

　　文艺会演前,我看见表演名单上写着婉君的名字,我激动地几乎满世界大呼小叫。最后一次彩排的时候,我像个小学生一样乖乖坐在台下,期待着我的好朋友在舞台上绽放光芒。音乐,灯光,款款而来的舞者,精彩的舞蹈表演过后,我想见的人依然没有出现。

　　"婉君婉君你在哪里?"我在后台四处寻找,演员们纷纷谢幕,曲终人散,昏黄的角落里独自坐着一个女孩儿。她像一只小松鼠一样蜷缩着,好像轻轻碰一下就会碎掉。

"婉君,怎么了?"我走近她,看见她的身体在发抖。

"早上彩排的时候,不小心从台上摔了下来……我以为我能坚持下来,忍着不说……还是没能坚持上台呢。"她的一条腿又青又肿,虽然已经处理过了,可是现在却动弹不得。

"一定很疼吧。"我轻轻环抱着她,擦去她的眼泪,然后静静地不说话。她在我怀里小声抽泣着,那个时候我能给她的,只有微乎其微的温暖。我不能摘下星星,也要从口袋里掏出糖果给她。这是我作为好朋友,所能给她的温暖。

"我一直在呀。"我一直在你身边,做你坚强的后盾。

第二天看完演出,我骑车送婉君回家。

一路花香弥漫,风儿在耳畔打着转。我载着我的好朋友驶向日落,我们快乐地哼着歌。

多年以后,我依然记得。

4

我们的青春,是相互扶持,彼此陪伴。

一周后的运动会上,婉君的脚已经打上了石膏,她却依然坚持来看我。

比赛开始前我看见婉君在观众席上活泼地摇着小红旗,笑得险些趴下。枪声一响,我就使劲儿地跑。婉君不停地在人群中向我招手。我看见周围的人一个个变成随风摇摆的小树,热情的呐喊声掠过耳旁。我被汗水浸湿,腿离终点越近越不像自己的了。

我好像背着滚烫的太阳,也背着整个天空。

越来越重的天空,压得我几欲倒下。可是我看见婉君出现在终点,手里还拿着小红旗为我呐喊助威。

"小六小六,不要放弃呀,我在这里!"

是的,你还在。我用尽全身力气,也要走向你。

最终,我扑进婉君的怀里,开心得快要哭出来。

婉君笑着说:"杨小六你真是一个可爱的女孩子呢!"

我抱着婉君说:"哪里有夏婉君可爱呀。"

眼前突然一闪,婉君早已拿出相机拍下,得意地向我展示照片。

"这个留作纪念吧。"

我记得那个下午,那个笑容满面的女孩儿,和那张相片一起留在了我的心里。

　　"那是,一段有你陪伴的时光。"

　　如今,我在电话那头,对现在的夏婉君说着。满心甜蜜。

　　"我是,如此,喜欢和你在一起。"

4号同学这只妖

小眼鱼子

1

4号同学恋爱了。在一个潮湿的"回南天",看到消息的我手机差点从指间滑落。

事实证明,4号同学从来就不是盏省油的灯,让我的青春生活一下子明亮,又一下子一片黑。

这一耗,就是五年,耗到没有脾气。

2

4号同学是在2014年4月4日的晚上和我聊上的,这个数字我也是等到有天想拉黑他的时候,一条条翻阅到最开始的第一句,才惊讶地发现,这家伙冥冥之中就和我八字不合。

毕竟,和4号同学的相识就是一场狗血的闹剧。

高一那年,某天放学,我正在校门口等人接,走出来时经过一大帮男生,他们正围在门卫处,请求进去打球。无意间,在人群的中间,我发现有个个子很高的帅哥,他扭过头来,闯进了我的视线,在下午五点的太阳光里侧脸露出一个好看的微笑。

他天蓝色球衣上的一个数字"4",开启了我青春里所有关于爱情的想象。

我东奔西走动用各种关系网天灵灵地灵灵求来了一个QQ号。依然记得当时对着对话框输入这串数字的时候,想到喜欢的人就要驾着七彩祥云款款而来,手抖得跟筛子一样,做完最后朝拜的仪式——加了好友。然而,万万没想到,隔着屏幕的这个心心念念的男神,结果却让人大失所望,原来加了一只妖怪啊!

4号同学经常一言不合就拉仇恨,把当初对话的截图配上表情包一起发过来,把我那幼稚的搭讪从头到尾吐槽一遍。

"来者何人?"4号同学第一句话来势汹汹。

"不好意思。我不是故意加你的,只是我看到你经常来棉中打球,觉得你很好,想和你多多交流一下。"

"交流什么?学习,生活?"

"都可以哈。"后面附上了个"爱心"。

"好，来，老子正好有道数学题不会。十五分钟内把解题过程发给我。"

第一次帮别人做作业，第一次帮别人买书，甚至，第一次，还要帮别人写情书。

我不知道自己的生活是如何从一开始就变得这么不可理喻，像个任人使唤的丫鬟一样。但当我盘算着那些大大小小的化学公式，想着如何能够让盐酸把4号同学的牙齿都腐蚀掉的时候，手还是听话地写好了试卷的答案，把解题步骤发了出去。

我想我大概是得了一种"斯德哥尔摩综合征"，有几次想彻底删除4号同学这只妖的时候，他又给我发来了命令：物理书第八页运动的矢量运算；课后第八题，化学书五年高考第四十四页的公式推导。在那个能上个QQ就是幸福的年代，我就像巴啦啦小魔仙一样，到处躲躲藏藏，三年的高中生活，简直就像西天取经一样，一路在和只妖怪斗智斗勇。

4号同学一直爱叫我"大圣"，但不是夸我学习成绩好，只是因为"圣"和"剩女"的"剩"同音。有一天发完题目后他说："大圣，看来有进步哦，再也不是个遭人嫌弃的家伙了。"我有点儿不爽，回了一句，"不要到时候迷恋上我就好。"

他突然回了一句："我想见你。"

3

转眼间,已经是高二的暑假了。

当我已经开始和4号同学聊到人生话题的时候,这过程简直就像是游戏的升级版,我拿到了发言的勋章。尽管很早就知道了他不是那个4号同学,但还是会盼望看到屏幕对面那个天南地北地跟我讲很多故事的,还经常厚颜地夸自己很帅的,这个熟悉的陌生人到底长着一张多么妖怪的脸。

那天,我穿着花裙子,直冒虚汗。

我站在烧烤店的玻璃窗前,趁没人发现,嘴角偷偷上扬,反复练习:你好,我是——你好,是4号同学吗?紧张得心脏就要爆裂。

"天啊,又不是相亲,你后背都湿了一片!"

4号同学的声音从背后传来,是一副痞痞的样子,但样子还算俊朗,有点儿樱木花道的影子。

他旋开一瓶农夫山泉,往嘴里急速灌了半瓶子,喉结像海上的浮标一般在一个区间上下起落,溢出来的水将他蓝色的球服晕出深蓝的一大片。

我突然惊喜地看到他衣服上写着一个大大的"4"。

他告诉我他也有这样的一件球衣,为了能让我对他崇拜更深点,只能翻箱倒柜找出来,勉为其难地穿上。

当那些熏风拂过我们的青春时,那些热情和悸动起起伏伏,就像是无迹可寻的音符。我依然会告诉4号同学,对那件4号球衣的迷恋;他也会问我如何给女生挑礼物,让女生喜欢上自己。

可是我们万万没想到,高三那年,4号同学再也不来打球了——4号同学的那五百块钱的衣服被喜欢的女生扔在了草坪上。

4

深秋的风从敞开的窗户吹进来,突然就觉得冷,冷到心脏像脏兮兮的抹布皱巴巴缩成一团。

4号同学约我去电玩厅,我们没带什么钱,所以玩一个币一局的泡泡龙。我先打一局单人模式,他再投一个币跟我对战,赢的人可以继续单人闯关。后来我们都没钱了,我就领着他在机器之间游走,看看有没有漏下的币。我们是两个光秃秃的寻乐者,在物质和精神双重丧失后,站在城市孤傲又绚丽的霓虹灯下发着呆。身后是震耳欲聋的游戏乐声,Come over come over,不停地提示着众人,这是我最讨厌的时候,欢愉静止,现实席卷而来,逼迫我们承认当下一派荒凉的尴尬。我望了望他,4号同学支起双手伸了伸懒腰,故作轻松道:"没事,我很好,走吧。"

4号同学失去了母亲,从那次约我出来后,就消失在我的好友列表里。没有"早安""晚安",没有烦人的数学题要解,而当我终于有能力给自己也买上部手机光明正大拿出来按的时候,妖怪的头像再也没有了下文。

最近看到奇葩说里有句话——我们在彼此生命里出现,互相点缀过了一段时光,记住当时的愉快、温暖、感动就够了。

朋友之上,恋人未满,我想我们之间的关系大概就是这样吧,尽管谈不上爱情,但就像蔡康永说的,4号同学给我留下的最珍贵的纪念物,是留在我身上的,像河川留给地形的,那些他对我的改变。

"妖怪,此去欲何?"

"踏南天,碎灵霄。"

"若一去不回……"

"便一去不回。"

梦醒了,灰色头像,空白对话框:勿念。

兔子时光匆匆过往

刘存强

1

其实这篇文章我高中时就想写，可是憋了一年只憋出来八个字，也就是这篇文章的名字。

2

大部分人都觉得男女同学之间没有纯粹的友谊，友谊的小船终有一天会壮大成爱情的巨轮。我觉得这完全就是没见过世面的人在胡扯，我和兔子就是个打脸的例子，你看我俩高中时天天厮混在一起，友谊的小船不仅没成巨轮，还差点儿翻了。

可能是我俩都太丑了，无论从谁的角度出发都不能喜欢上对方，想想还是当朋友吧！

不对，分明是我俩都太美了，校花校草级别不解释，无论从谁的角度出发都会觉得高攀不上对方，想想还是暗恋算了！

3

我高一下学期初转到文科班，到了差不多学期末我才认识兔子，可能是那会儿我太爱学习，而她恰恰又那么丑，根本吸引不了我的眼球。

班上同学都叫她兔子，我替兔子委屈，她除了牙大，哪里都没法和兔子比，兔子那么可爱，她那么凶。

后来混熟了，我终于可以追随自己的内心，在兔子前面加上了各种形容词。一开始是肥兔子、胖兔子，后来升级为大肥兔子、大胖兔子。高兴时叫波凌兔子，烦心时叫丑、臭、死、烂兔子。

4

我俩真正熟起来，是因为有次玩"你比我猜"，我伸出五指弯了弯她就猜出是星星，我作呕吐状她就猜出是大海。

我真的不明白,她为啥那么快就猜出来,难道这家伙上辈子是我肚里的蛔虫吗?

5

我妈来市里看我,给我带了我最爱的辣椒炒肉和大饼,我拿到班级和兔子一起吃,吃着吃着就上晚自习了,兔子还没有住口,老杨(班主任)看到之后,让兔子拿着饼去讲台上吃。

我戳了戳兔子后背,兔子回过头说:"咱妈做的辣椒炒肉太好吃了,根本停不下来!"我说:"给我留点儿,一罐头瓶子就剩底了!"

呀!这货!一见着好吃的都咱妈咱妈的了!

6

高三上学期末,我收到了新概念作文比赛的入围通知信,我把这个好消息告诉兔子,然后她就一脸呆萌地问我:"你会不会成为郭敬明啊?会不会出名了就不认识我了?"我死拉矫情地说:"放心,你永远是我的大肥兔子,我永远是你的大绵羊。"

比赛结束之后,我去城隍庙逛,买了一盒夜来香雪花膏和一瓶勿忘我花茶。新学期开学,我把两样东西深情地交给她,说:"这次去上海,只想到了给你带礼物,连妈我都忘了。"她说:"咦,这雪花膏好土,我妈那年纪的都不用了!还有这个是什么?菊花茶吗?"我气得要死掉,说:"人家那是勿忘我!"她说:"哦,那我回家就喝,这一瓶估计能煮一大锅。"

7

兔子喜欢隔壁班的篮球小子,每次球赛她都偷偷去看。我就不服,长得跟大猩猩似的哪里帅?然后就整得跟我吃醋了似的,开玩笑。我只是担心兔子为了不值得的人难过而已!

8

我俩都喜欢吴忠全,一个青年作家。高中的时候我给她讲《桥声》的片段,她听得入迷,周末的时候就去买,可是跑遍了全城也没买到。最后,我把去沈阳参加吴忠全签售会弄来的亲笔签名本送给了她,直到现在她还一直宝贝着。

我人生的第一件生日礼物,是兔子送给我的一个双肩包,我上课、逛街跟旅行都会背着它。

也忘了是不是我喝醉了才说的,我俩要当一辈子好朋友,然后她骂我抽风。

9

最近我总是在感慨时间过得太快,仿佛兔子昨天还坐在我前面为熟睡的我挡住老杨凶狠的目光,仿佛昨天那家伙还在我跟前吵着要吃鱼。

真是过分,一个兔子不去啃胡萝卜,吃什么鱼!

兔子啊兔子,我们好久好久都没有在一起说悄悄话了吧?兔子啊兔子,我真的贼拉怀念你在我身边蹦蹦跳跳的时光……

你蹑足而至的温柔

苏 意

嘉嘉！嘉嘉！

清嘉故作镇定实则心虚地抱着一杯杧果奶茶窜进教室，左顾右盼没有看见班主任，提在嗓子眼儿的心好不容易刚要放下来，却在这时听到好友的高声呼喊，藏在校服底下的饮料没抱稳，险些摔在地上。

好在还是接住了，她闭着眼睛，背对着好友没好气儿地说："干吗？！"

这几天学校严打吃零食之风，她这是好不容易带进校门的。好友显然没有坏人事的觉悟，一把搂住清嘉的肩膀，带着她就势拉开一张凳子坐下来，附在清嘉耳边说："我刚去给老班送作业，看见顾航了……"

顾航和她们在同一个班，每天都能看到，这并不是什么稀奇事。但清嘉一听到这个名字，眼睛立刻亮了，身上不满的戾气也消散了，"他在干吗？"

好友用鄙视的眼神看了清嘉一眼，高深地笑了一下："秦依也在，老班好像让他们成立一个什么学习小组，互帮互助呗。唉，你说年级前二的位置都让他们占了，还有什么好帮的呀。"

清嘉在听到秦依这个名字时就不高兴了，她的神色微微颓废下来："有毛病吧？难道不是应该让顾航和我互帮互助吗？"

好友还没来得及继续说，清嘉便将怀里的饮料塞到面前的桌肚里，有点儿置气地起身回到自己的位置。其实不过是件小事儿，但也足够让她不开心一天了。

就在这时，外头走进来两个人，可不就是刚才谈论的那两个吗。穿着校服辨识度也极高的顾航，以及短发张扬，很有个性的秦依。两个人走在一起，引起同学们的阵阵起哄。

秦依走到顾航的座位上拿试卷，无意中瞥到桌肚里的饮料，笑开，大声说："顾航，是真爱啊，'see you'里的饮料都快轮一遍了吧？那女孩儿够坚持的。"

闻言，清嘉背对着他们的脊背一僵，心如擂鼓，明明只是一句话，却让她有些慌了。笔袋被手肘撞到地上，"啪嗒"一声响，有些刺耳。她弯腰捡起来，余光不受控制地往后瞧，正好瞥见那没什么表情的男生伸手推了一把秦依，淡漠地说："你够了啊。"

清嘉默默收回视线，攥紧了笔袋，心里有点儿酸涩。那句话怎么说来着，暗恋的人连吃醋的资格都没有。

秦依的一句话引起了蝴蝶效应，第一节下课，清嘉被好友拉到顾航那儿领试卷，那里正好聚集了一群人，在讨论到底是谁那么孜孜不倦。

顾航啊，从高一入学开始就备受瞩目的男生，成绩在线，人品在线，颜值在线，追他的人不是没有，但无一不被他天生的冷淡所击退，这么坚持的人还真不多见，有人甚至提前一个小时来教室蹲守，都没有发现到底是谁，堪称世纪悬案。

"清嘉，不会是你吧？我刚刚好像看见你在这儿坐了一会儿。"有人突然出声，试探着问道。

清嘉无意间对上抬眼看自己的视线，心里又是一场海啸，脸上却要多云淡有多风轻："不是，我刚在那儿的时候就看见饮料已经放那儿了。"

说这一句话时，好友早在底下掐了清嘉无数下。

顾航不那么热情的视线就这么移开了，没人再往她身上猜，清嘉平日里最以安静著称，从来不做出格的事情，大家也觉得不可能是她。

闭合电路的欧姆定律

黄昏，放学铃声刚响，走廊上来来往往全是人，天边大片大片的彩霞，尚未彻底落下去的夕阳血红的光线照射在教学楼前那棵树冠硕大的榕树上。

好友因为家里有事匆匆离开，清嘉百无聊赖地收拾东西，耳边全是班上男生的吵闹声。顾航也在收拾东西，他很安静，在这个空间里简直遗世独立。清嘉在心里哀号：不公平！为什么他可以将校服穿得那么好看！

"周清嘉。"

一道清朗但平静的男声响起来，直戳清嘉的心房。她有点儿不可思议，回过头，脸部表情一连几变，最后她用同样平静的语气回复："班长？什么事？"

顾航起身走过来，站在清嘉面前高出她一大截："晚自习去图书馆，老班让我辅导你物理，"他顿了顿，抬腕看表，"还有时间，你可以先回家吃饭。"

简直没有形容词可以描述清嘉那一刻的心情！

就好像一直是一个人走在看不到尽头的路上，雾茫茫里突然出现一道光线，很亮很亮的光线。

清嘉暗恋顾航两年，从高一入学开始。他是本校直升，开学在学校里当志愿者，清嘉独自来报到，她是个路痴，来回问了顾航整整三次路，最后他似乎是服了，亲自带着她去交学费。第二次遇见,他是年级里的新生代表。第三次遇见,两个人在一间教室里,他是班长。

高一到高二,后来文理分科,清嘉选了理科,也是巧,两个人一直在同一个班上。

这样那样的细节和缘分,都化成了养料浇灌在清嘉仰慕一个男生的少女心里,小树苗在经年累月里悄悄抽条生长,如今已经枝繁叶茂。

"闭合电路的欧姆定律。"顾航的声音轻轻沙沙,他背靠着椅子,扭头看向窗外,对面是灯火通明的高三楼,他的侧脸看上去有点儿漫不经心。

白炽灯下,图书馆里只有寥寥几个人。

清嘉有些透不过来气,她面前放着一张A4纸,顾航在给她做考前测试。男色当前,她脑子里一片慌乱,垂着头写,却完全不知道自己在写些什么。

"数学式没有写,电阻正反比弄错了。"半个小时后,顾航拿着那张被她写得密密麻麻的纸,轻声说,一边拿笔画线。不一会儿,在她原本的笔迹上,多了许多红色的线条。

清嘉简直羞愤欲死,弱弱地辩解:"失误,太赶了,我没做好准备。"

顾航毫不留情一挑眉:"只考四十分的人不要解释。"

"……"

又过了一会儿，清嘉鼓起勇气问："班长，真是老班让你来给我辅导的？他怎么没跟我说啊？"

对于这件事，就像炸弹似的，炸得她心里现在还无法平静。

顾航正在翻书，闻言头都没抬："不信你去问秦依。"

所以，是好友听岔了？可听着顾航这么不以为意的语气清嘉多多少少也相信了，他也没必要撒谎。

晚自习结束的铃声响起来的时候，顾航和清嘉一道走出图书馆，校道上的路灯很亮。顾航突然开口，似乎是憋着笑的："你上次说，你选择理科是因为数学老师很帅，真的假的？"

清嘉被这突兀的话题吓到，片刻后想起来了，那是文理分科分班后的班会上，班主任让每一个人讲一讲为什么选理科。清嘉是最后一个站起来的，其实她数学还不错的，但不能那么说，大多理由都被用烂了，她一闭眼瞎诌："因为数学老师长得很帅呀。"

全班大笑，清嘉一战成名。数学老师是个有些谢顶的中年老师，后来不知道从哪里听到这些，从此对清嘉格外照顾。

清嘉没想到顾航居然记得，她咬牙切齿："当然不是啊。"

"那是因为什么？"顾航笑意未收。

清嘉抬起头来，怯生生地和他对视，一个答案跃上喉间。

顾航见她半天说不出口，点点头："我可以理解，你是真的对理科爱得深沉。"

不，我是对你爱得深沉。

黑色棒球衣

顾航并不是每天都有时间，他跟清嘉约定每周四、周五图书馆见。每次上完物理课，也会给清嘉列下重点和提纲。

他很称职。

渐渐地，清嘉和顾航的交流越来越多，不能与外人道的默契也越来越深，清嘉一直在克制着，让自己与他接触时不要那么雀跃。

好友不可思议："你开挂啦？"

对，莫名其妙就开挂了。

直到有一回，清嘉被顾航拉到他位置上解题，那叫一个动作利落，光明正大。看得所有人不明所以，这两个人什么时候关系这么好了？

清嘉从小到大的成绩都四平八稳，性格也四平八稳，从未出格。暗恋顾航，大概是她做过的最冲动的一件事。

因为他很厉害，所以她也在努力让自己变得和他一样厉害。

那句话怎么说来着,喜欢一个人,不是为了他毁灭这个世界,而是为了他看见这个世界。

就靠着这个由头这么接触着,渐渐地,他们好像真的熟起来了。顾航偶尔会在放学时等一等她,清嘉也偶尔会送顾航一些好看的笔记本。

顾航哭笑不得地看着那些本子:"少女心。"

"少女心怎么了?挺好看的呀。"

顾航倒也没拒绝。

清嘉怀揣着一颗图谋不轨的心靠近顾航,越接触越发现他真的很好,几乎找不到劣根性。

这天是运动会,集会之后大家都换掉了校服,纷纷穿上自己的衣服,顾航也换了,一身黑衣黑裤,一扫头发,利落极了。

清嘉站在楼下等他,眼睁睁看着他大步下楼走过来,第一次发现黑色棒球衣这么好看。

"八百米短跑,你居然参加了?"清嘉看着报名表,非常震惊。

"为什么这么意外,很奇怪吗?"顾航问,随即扯了扯清嘉的短马尾,一指跑道的终点,"待会儿,你去那儿等着,给我送水。"

清嘉的心快速地跳动,声音大得简直要耳鸣了:"为……为什么?"

"哪里有那么多为什么，叫你去就去。"

广播站里在循环播放《运动员进行曲》，配着播音员抑扬顿挫的声音，八百米男生短跑开始了，顾航一身黑衣，在起点蓄势待发，半弓着身子像蓄满力量的豹。

他无疑是最亮眼的。

而清嘉只来得及匆匆看一眼，完了飞快跑到卖水的地方，发现身上没带钱，又跑了大半个学校找到同学借了钱，等回来，顾航已经跑最后一圈了。

与之伴随的是好多女生的尖叫和加油声，气势十足。顾航一边冲刺，目光一边逡巡，他没有在终点看见清嘉。

清嘉确实没有过去，那边……嗯，怎么说呢，太多女生了。

顾航拿了第二。两个人一直到运动会结束，都没有说过一句话。

班级的大本营在一棵很大的杧果树下，青杧垂在枝头，顾航站那儿把玩着，什么事都不理。

清嘉知道似乎自己得罪他了，好不容易鼓足勇气，把一瓶水推过去，就在这时，远处响起高亢的女声："顾航，顾航！"

是秦依。她没参加运动项目，今天穿了裙子，黛色的，特别好看。清嘉快速将矿泉水重新抱在怀里，在心里上演一个人的兵荒马乱。

"顾航，你单车待会借我呗。"秦依笑着，大大咧咧地说。

两个人关系是真好,顾航闻言也没问她要干吗,从兜里掏出钥匙递过去:"小心点儿啊。"

怀里那瓶水到最后也没送出去。

今天周五,清嘉没有在图书馆见到顾航。

清嘉一个人走在暮色绵延的路上,简直要哭了。不会就这么再也没有交集了吧?!

少女时的心思,最容易想七想八。

清嘉抱着辅导书慢吞吞走着,眼泪默不作声地砸在地上,晕开,再抬头时,她看见了"see you"的招牌名字。

这里是她每天都会来买饮料的地方。非常隐秘,不仔细找根本发现不了这是一家店。老板是一个很有个性的女生,她的左手文着美丽的荆棘刺青,穿一身红裙,看人时眼睛里带着桀骜。喜欢随心所欲地给顾客调味。

"周清嘉?好巧啊。"

清嘉一走进去,突然听见有人喊自己。她看过去,看见了秦依,以及背对自己坐着的顾航,大男生长手长脚,手里似乎拿着一杯饮料。

清嘉进退维谷,硬着头皮走上去:"你不是早就走了吗?"

秦依眼睛亮亮的:"对啊,可是这家伙坚持要我陪他来这买杯奶茶,别说,还真挺好喝的。"

清嘉那个心虚,她从来不知道顾航有没有喝自己送的奶茶，如果喝了，会不会知道那就是在这儿买的，又会不会顺藤摸瓜问店主找到自己啊……

此地不宜久留……

秦依一看时间，猛地一拍顾航的肩膀："买也陪你买了，单车我借走了啊，再见！"说罢，火速冲出去，顺带拍了一下清嘉。

力气可真大，清嘉微微吃痛。

这下气氛更尴尬了，清嘉走也不是，留也不是。

顾航终于回过头来，清嘉只好主动开口："班长，你怎么也到这里来了？"

其实在很早以前她就不喊顾航班长了。

顾航挑了挑眉，话里隐约带着脾气："你说'也'是什么意思？"

"没……没什么意思啊。"

清嘉拿过单子，低头假装认真地挑选，两个人离得挺近的，她的脸红得像熟透的龙虾，还是麻辣的那种。

半晌，她轻咳："顾航，你不会是在生气吧？我不是故意的。"

顾航没有回应，他好像没听见似的。

告白气球的两情相悦

"姐姐，有没有一个女孩子，每天早上都会来买你东西呀？"

在面前这个男生坏笑着冲我问出这个问题的时候，我就知道他是故意的。

"有很多啊，你说的是哪个？"我看见站在他身后的女孩子分明投来SOS的信号。

小飞抱着手机蹲在一边玩游戏，输了，飙出一句脏话，揉着脖子抬头："唉，你们两个……"

我抬手往他脑袋上招呼："闭嘴。"

男生继续说："每天都会来，应该比许多人都早吧，最坚持的那个。"

我故作镇定地挽起衣袖，配合他："怎么了，那女生喜欢你吗？"

"应该是吧。"他笑了笑，"她送的饮料我都有喝，这么坚持的还真不多见，我想找到她，让她不要再送了，毕竟我已经有喜欢的人了。"

谁的心，重重坠入深渊。

"那女孩儿有比她坚持？"

"那倒没有。开学时她冲我问了三次路，从来没有记得我，所有人都追捧我的时候就她最安静，为了和她接触我骗她说班主任让我给她辅导功课，好不容易鼓起勇气想拿个八百米第一和她表白吧，她却一点儿都不配合。"

店里在放周杰伦的《告白气球》，空气里全是甜得发腻的气息。

清嘉完全愣住了，睁大眼睛不可思议。

只有小飞还不明所以，眼珠子在这两个人身上打转半天，一语道破："你身边不就有一个，这小姑娘啊，天天最早来敲我们的门。"

"唉，不对啊，你也挺眼熟的……"小飞迷糊着想起来了，猛掐我的手，"你不就是那个天天跟在这女孩儿后头的那个男生吗？你还记不记得，我昨天还跟你说呢，记不记得？"

我痛得要死，伸脚踹他："记得记得，不要激动！"

螳螂捕蝉，黄雀在后。在你喜欢一个人的时候恰好他也喜欢着你，这是多么不可多得的幸运。

顾航闲闲看过去："周清嘉？"

"顾、顾航……"

伟大的队友

佑 季

第 一 天

"在一个温暖的冬日,我见到了一个令我心醉神迷的女子。她有棕色的眼睛,齐肩的黑发,白色的卫衣在雪的映衬下显得更加光彩夺目。当她走过我的身旁,她的发香在我身边流淌,我回眸望,她在发光!她照亮了我的胸膛……"

"说完了?"

"嗯。"

"那么好看?"

"嗯。"

"睡觉,呼呼……"

"喂！我的幸福就这么不重要？！"

回我话的两个人一个叫毛毛，一个叫黑郎，都是我的舍友。

毛毛瘦高，眼大无神，有一条茂密的毛裤。黑郎比我稍高，体格健硕，夜晚被动隐身。鄙人因为一次计算，阴差阳错地成为人们口中的"江湖半仙"。

第 二 天

"半仙半仙！"毛毛急躁躁地跑到我的面前，"根据你昨晚的描述，咱们四楼三个班中，有两个女生最可疑。"说完将我拉出教室。我心里暗暗高兴：不愧是兄弟啊！毛毛指着隔壁班的一个人说："看短发，白卫衣。"我摇了摇头："不是。"然后他又拉我跑到最东面："看！那个眉飞色舞讲话的。"我又摇了摇头。正当二人沮丧之时，她从西面向我们走来。我立刻趴到毛毛的肩头："不行，不行，太耀眼了，根本无法直视。"毛毛疑惑地看着我："这也不是齐肩发，白卫衣啊。"我冒着亮瞎狗眼的危险又偷偷看了一眼："不会错的，这耀眼的光芒是不会变的！"毛毛拉着我便往回跑，我忙问："咋？不追了？"毛毛说："先帮你探探底，这个人黑郎认识。"

"性别女,爱好不知是不是男,成绩稳定在班级前十,喜食饼干,讨厌多嘴的人,爱好看漫画。喜宅,嗜睡,爱音乐不爱运动。"黑郎憋屈的字体满满占据了我的视线。"嚯!整个一腐女!"毛毛感叹。我转过头去问黑郎:"你认识?"黑郎一脸正经:"那当然,想当年我可是她同学闺密身边的红人!""好厉害!"我满脸艳羡,"她叫什么?"黑郎嗫嚅:"我打听这么多消息,已经答应请人吃饭了……""报销!""青青,人们叫她青青。"毛毛这时突然跳了出来:"为了半仙的幸福,我决定把这次行动命名为'宝贝计划'!"我问:"为什么是'宝贝计划'?"毛毛微微一笑:"因为亲(青)亲(青)我的宝贝哦!"我舌头打着卷,咆哮道:"滚……""我可真滚了,带着宝贝计划的项目资金另找投资商。"说完和黑郎蹦跳地跑了出去。"项目资金?哎!回来!钱包里没钱!真的没钱!"

第 三 天

刚下课我大喊:"毛毛黑郎!北厕三连蹲!"说完也跑了出去。厕所里,毛毛早已迫不及待:"什么事,这么急?"而黑郎又是嗫嚅:"纸……不够……"我扔他一脸:"我请!"黑郎一脸欠扁:"大哥你说什么事儿我全给你办了!"我从怀中取出折得方正的信纸递给毛毛:

"这是我写的情书,你看看需不需要改一下。"毛毛看罢大赞:"此书只应天上有,人间难得几回见。"黑郎看都没看,说:"人家都不认识你,写了也没用啊。"我一拍脑袋:"对哦,那怎么办?"毛毛说:"先在她面前晃,让她不会有陌生感。"黑郎说:"关键是要有好感基础。明天我在她面前假摔,你去扶我,装作一副新世纪好少年的样子。""嗯,不错,就这么办。哎!回来!把纸留下!"

第 四 天

毛毛站在学校雕塑的底座上,小声地说:"发现目标,发现目标,商店九点钟方向,从北往南走,'宝贝计划'action(行动)!"就在我们转身的瞬间身后响起了一个庄严的声音:"同学你干啥呢!快下来!"毛毛撒腿就跑:"不好!被纪检的看到了。"当我们目送走狂奔的毛毛,回神一看,青青已经离我们不到十米了。我轻轻一推黑郎,黑郎身体前倾,一个趔趄冲了过去,然后原地旋转一百八十度,华丽倒地。倒地之后不忘配音:"救——命——啊——"我走上前顺势将他扶起。发现黑郎嘴角一片鲜红。待青青走远,我感叹道:"太逼真了!"黑郎用手擦着嘴角说:"倒地角度计算错误,脸着地也就算了,还咬着舌头了。"

对于黑郎这逼真的"演技",我只能说:钱包!你怎么又瘦了!

晚上我问毛毛:"现在是不是到了送情书的时候了?"毛毛塞着满嘴的饭菜,边说边喷,边喷边塞:"先去打个早胡,让她自导你四谁……"我擦着脸说:"先咽了。"毛毛一把抢过黑郎的稀饭喝了一大口:"去打个招呼,交个朋友,明天再说!"黑郎又嗫嚅:"呢涩头都总了,不敢次硬的,你还和呢抢……""再来一碗!""好……疼、疼。"

第 五 天

早饭过后,我没和毛毛黑郎商量,直接把情书交给了青青,我说:"我想和你交个朋友。"没承想还没上课就收到了她的回信。我立刻叫上毛毛黑郎又蹲进了厕所。"不应该啊!怎么这么快?"黑郎一脸疑惑,"你情书写的啥?"我刚提起一口气,想要有感情地朗诵,却被毛毛抢了过去:"题目,情书。内容,题目已定内容自己想象。"黑郎瞬间一副便秘的表情。"怎么样,不错吧?含蓄中带着奔放。"我问道。"呃——"黑郎便秘不减,打开回复,"呀!还真是回复!"

题目已定,内容自己猜。

"这什么意思？我还有戏？是不是感动到她了？"我大喜，毛毛说："得了吧，这叫婉拒！"黑郎挠了挠头说："先不急，没准儿还有希望。"

当晚，我走到她班门口，把她叫了出来，我说："做我女朋友好不好？"黑郎毛毛则在我身后当起了背景音乐："让我们红尘做伴，活得潇潇洒洒，策马奔腾，共享人世繁华……"但她说出"我对你没感觉"后歌声戛然而止。当时在那待了十多秒，他们说我是被拖回来的。

睡前，黑郎给我打好洗脚水，毛毛把一袋牛奶扔进洗脚水中，温热后喂我喝下。为我脱衣盖被。

现在想想，因为当时没有得到神一样的爱情，所以我拥有了猪一样的队友。但我发现，他们也是很可爱的。

语文课上的相爱相杀

南 一

讲到这位语文老师，我可真有点儿犯愁。最近似乎和他犯冲，上他的课诸事不顺。

1. 记一篇偏题的作文

"今天我们要写一篇作文。"语文老师刚进班就给了我一个晴天霹雳。

"哦，天啊，又要写作文！怎么办？怎么办？"我瞬间慌了神儿，转向同桌，一连问了N个"怎么办"。

"我们这次把作文写在答题卡上，我来尝试一下网上阅卷，然后没有痕迹的卷子再发下来，同学互批，并写评语打分，看最后与老师打的分数相差多少。"好吧，果然还有更可怕的消息。

"同学互批！"我的内心是拒绝的。

看完题目，我一头雾水，完全不知道写什么。再看看四周，大家都开始写了。"完了，我要写不完怎么办？算了，先写再说。"于是，我硬着头皮写完了一篇不知道写了什么的作文。

但是显然，这样的作文成了一篇偏题之作！

在互批、打分、写评语这一系列流程之后，老师也将他打的分数写上了我的答卷。他抱着一堆答卷慢悠悠走进教室，我的心随着他的脚步声愈加沉重。果然，他还是要一个个报分数的。当报到我的名字时，他顿了顿，提醒我要有心理准备。当然，我早有预感，做好了拿低分的准备。"32分！"哎，听到真正的分数后还是会难过，尤其还当着全班同学的面。

"文章偏题一般打到30分，写得好一点儿的打到32分。"所以他这是夸我的作文是偏题作文之中的佳作吗？我无奈地叹了口气。

2．记一次莫名其妙的默写

"大家拿出默写本来，我们等下要默写。"

"啊？默什么？昨天没说啊。"我又开始慌张了。

"大家认真圈划一下《看社戏》这篇文章中的重点词语，等下叫一名男生一名女生上前面默写，其余的人在默写本上写。"

"什么？自己圈划？难道这不应该是老师的事儿吗？"哎，算了，我还是看吧，谁让他是老师呢。

我认真地圈划，不放过任何一个可能默的词语，似乎心中早已笃定他会叫我上黑板默写。

"我抽学号吧。女生3号，男生35号。"果然，我的第六感就是那么准，我生无可恋地看了一眼同桌，走上了"刑场"，等待接受老师的宣判。

"这有点儿像词语听写大赛啊，男生女生一较高下吧。"什么情况？我还要代表全班女生的水平啊？那要是输了，女生多没面子啊，我可不想成为罪人！

在写下第一个词"寒碜"后，我听见底下同学一阵骚动，"哈哈，他第一个词就错了，太好了。"我为自己的初战告捷而洋洋得意。毫无疑问，最终的结果当然是我赢了，成功打败男生，奠定了女生威武的局面，连同桌也夸我代表了女生默写的最高水平。

3. 记一次稀里糊涂的回答

"把宋词翻到《浪淘沙令》，3号同学翻译一下词上阕的前两句。"

"我？老师不是八百年不叫我回答一次问题的吗？"我慢悠悠地站了起来，看了一眼"帘外雨潺潺，春意阑珊",随口翻译道,"窗帘外雨声潺潺,春天,春天……"好吧,我翻译不下去了……

"阑珊不知道什么意思吗?看课下注释。"

"衰败?春天衰败是什么意思?"我愣住了,不说话。

"阑珊是衰败、将尽的意思。我替你翻译吧,春意阑珊就是春天快要过去了的意思。"老师一脸无奈,"那你回答一下这句词用了什么叙事方法!"

"白描。"我不假思索,张口便答。

"我问的是叙事方法,你回答的是描写方法!答非所问。"

我再一次愣住,不知道回答什么,老师只好叫我坐下。我心里忏悔"老师我错了,下次我一定认真审题"。

老师又叫了一个男生回答这个问题:"你回答一下刚刚3号同学没回答出来的那个问题,她拒绝回答我的问题。"全班大笑。

什么情况?我哪里拒绝回答问题了?只是不知道说什么而已啊。一口血喷给你看!

4．记一次乱七八糟的背诵

上课五分钟后,老师还没来班级,课代表只好去请。而我和同桌还在讨论上节物理课遗留下来的问题,最近可真是被物理折磨得痛不欲生。

　　老师进班后让我们拿出课本，见我和同桌没动静，便说："有的人书还没拿出来。"于是我和同桌忙收起物理拿出宋词选读。我嘴里嘀咕了句："不就是说我呢吗？"当然，我一直很乖，这句话也只敢小声说给自己听。

　　"他昨天才叫我回答过问题，今天肯定不会叫我了。"我放松了警惕，谁知，天不如人意，他刚说了几句话就点我起来回答问题。哎，我最近的出镜率有点儿高啊。

　　"欧阳修的《踏莎行》中，'平芜尽出是青山，行人更在青山外'用了什么手法？"

　　"层深法。"这个问题昨天才讲过，还好我记住了。

　　于是，下一个难题被抛了过来："那你背一下欧阳修的《蝶恋花》。"

　　"什么？那首词还是上次考前背的，现在哪儿还记得？也不让我看一眼，毫无征兆地让我背。这一定是在为难我！"我心里又开始嘀咕。

　　"庭院深深深几许，许……"好吧，我背不下去了，只好转向同桌寻求帮助，但根本听不清同桌在说什么啊！还好在老师提醒了一句后，终于乱七八糟地背完了。我长叹一口气，坐了下去。

5. 尾　篇

"好，今天的课就上到这里，接下来的时间想给大家看视频。"全班沸腾。

"记得之前讲唐诗的时候给大家看过《唐之韵》，现在讲宋词……"老师还没讲完，就被大家打断了。"是看《宋之韵》吧？"

"对，大家都猜到了啊。"

"感觉大家自从数学学了类比推理以后都变得好厉害，老师还没说，就都猜到了。"同桌玩笑道。

"是的啊，哈哈哈。"

一段时间后，我看向手表："咦，下课了啊。"于是我又转向后桌语文课代表，"老师怎么还不下课，我好想上厕所。"

"你可以从后门出去，老师应该不会说什么。"

"可我还是怕被打，毕竟最近我跟他犯冲，算了，我还是憋着吧。"

哎，老师啊，我保证以后一定认真听你的课，人与人之间为什么要互相伤害呢？我们还是坚持和平共处的原则吧。

传奇远而粥饭近

被父母的爱情甜到牙疼

岁岁何欢

　　从小到大，我就生活在水深火热的家庭里，事实告诉我们，生活不只有诗和远方，还有时不时的狗粮。我能怎么办，我也很绝望啊。

　　由于本人成绩优异、品学兼优，只要逢熟人都会被人夸一句：你看人家的孩子……每每此时，我爸爸都会非常谦虚地说："哪里哪里，都是我太太教得好。"可我想说，爸爸，做人要讲良心啊，难道不是因为我努力学习，天天向上吗？

　　我爸爸，用现在流行的话说就是妥妥的小鲜肉一枚，不比现在的明星差多少；再加之才华横溢，是远近闻名的才子，年轻时收到的情书也是一摞一摞的。而我妈妈就因为沉迷于爸爸的美色不能自拔，光荣地成了他的小迷妹，一天一封情书，春夏秋冬从未停止。直到后来，爸爸被妈妈的心意所感动，从朋友做起的纯洁友情升华为浓烈的爱情，携手步入了婚姻的殿堂。

每每听他们说起他们的爱情时，我就要承担着吃狗粮的极大风险。他们似乎并不觉得在女儿面前应该收敛一点，反而理直气壮地说，有本事你也去找个男朋友啊——也不知道当时谁说的要是我敢早恋就不让我进家门。

在我生日这天，我一不小心知道了一个了不得的大事。

原来生我的时候妈妈难产，医生问保大还是保小，爸爸没有丝毫迟疑地说：保大人。医生说我问过你太太的意见，她说保小孩儿。我爸爸听了气急了眼，说，"医生听我的，不是询问家属意见吗，请你务必帮我转告她说，孩子可以再要，孩子的妈妈只有她一个，我炖了她最爱的汤给她喝。"

在妈妈做手术的几个小时里，爸爸不停地在走廊踱步，连护士都看不下去了，告诉他要冷静，可他还是控制不住自己。"呱……呱……"直到听到孩子响亮的哭声，手术室的门被打开，他才停止踱步，猛冲到前面，第一句话问的并不是孩子是男是女、情况如何，而是太太身体怎么样；直到医生说了母女平安他才松了口气，然后一路陪同母亲回病房，从头至尾就没看过我一眼。

我静静地听完了这个故事，对妈妈的爱又多了一分，转头平静地问了爸爸一个问题，你当时是不是不喜欢我？

他笑着说:"怎么可能呢,没有父母不喜欢孩子的,只不过我更心疼你妈妈,你个小没良心的,要对你妈妈更好一点才行。"我点点头说我知道了,小声嘀咕着,"我对妈妈多好啊!"爸爸拍了拍我的头,"我去帮你妈妈给你做好吃的了啊,我怕她累着。"我瞥了他一眼,"不都说女儿是爸爸前世的情人嘛,有了媳妇忘了女儿。"他说:"你都说是前世的了,当然我得珍惜我今世的媳妇了。"

忍无可忍,无须再忍,我直接喊外援:"妈,爸他今天看我过生日还欺负我!"爸爸急忙说:"没有没有,我跟闺女开玩笑呢。"我在爸爸看不到的地方偷偷向妈妈比了个"耶",在这个家找对靠山也是很重要的。

其实从爷爷奶奶口里我听到了故事的未完待续部分。尽管他老婆平安无事,气色红润,可他还是在刚开始的几天里不愿意抱我,因为觉得我伤害了他最重要的人。当听到这句话时,我很不满,对我爸爸非常不满,难道老婆是你的,女儿就不是你的了?我连充话费赠的都抵不上,呜呜呜……

尽管口头对爸爸重老婆轻女儿的态度表示不满甚至气愤不平,但还是被爸爸对妈妈的爱甜了牙。

今天是情人节,等我上学回到家的时候发现家里空无一人,而微信里的红包和消息给我解释了一切,原文如下:

好女儿,我带着你妈妈去吃烛光晚餐了,这个钱你留着自己叫外卖吧，别说我对你不好啊。

我愤愤不平地收下红包，算他还有点良心，知道我没有钱叫外卖了。

你们说他们是不是很过分，欺负我这只单身汪，怎么就不让我被他俩的爱情甜死呢，哼。

愿世间所有的母爱都被温柔以待

依 林

1

我在老师办公室罚站,原因很简单,我故意在她批改的卷子上偷偷画了小人。

老妈风尘仆仆地赶了过来,看到我后,不由分说地打了我一个耳光,代替我向老师赔礼道歉。然后开始了她尖酸刻薄的说教。

她的词汇总夹着粗俗的咒骂,在无形中刺伤了我的尊严,而她却不以为然,依旧用这种自以为是的偏激方式,将我贬得一文不值。

于是我抬起头冷冷地看了她一眼,说了一句:"你说完了没有?"

她当场气得说不出一句话,只是呆呆地看着我,然后又是一记耳光重重地打在我的脸上。

我的脸颊上是红红的手掌印,可是我却感觉不到任何疼痛了。

2

她很强势,无论我做什么事情都要经过她的同意才能去做。中考结束之后我想和朋友们去网吧包宿。她隔一个小时就一个电话,还规定我晚上十点之前必须回去。朋友们都笑话我说,你这么大了,还要老妈管着啊!

她一生气便说我越来越不懂事,而我说她越来越不可理喻。为什么青春期的我们总是这样?我和她之间总有一层捅不破的薄膜。

3

中秋节放假,我计划着独自去海边看海。她同意了,条件就是必须去芳姐的大排档旅馆。天还没亮,她就把一件件衣服整理好后塞进我的背包里。

那时候我还在睡着懒觉,外面翻箱倒柜的声音把我惊醒。我怒气冲冲地说:"你真的好烦啊,这些小事我自己会处理,不用你管!"

"好心当作驴肝肺,我懒得管你。"

她偷偷把一盒防晒霜塞进我的背包里,夺门而去。

这段时间我和她都是在彼此沉默中度过的。我没有跟她告别,甚至她也没有去火车站送我,只是冷漠地说:"你赶紧滚蛋。"

我决定在这短暂的五天里,一个人好好静一静。于是我关掉了手机,断绝了与外界的一切联系。

4

从火车站下车到上出租车,一路上各种堵车。预定的大排档旅馆在海边的周围,终于在过了两个小时之后我才抵达这里。

芳姐是老妈的朋友,她见到我的时候一脸歉意地说:"原本我打算亲自去火车站接你,但由于店里有事,只好让你独自过来了。"

我拖着箱子一个劲儿地对她说:"这几天要给你添麻烦了。"

她让前台给我留一个有阳光的房间,并且说,明天你就可以去看海了。

她细心为我整理好房间,关心地说,你早点休息吧。入夜之后,房间越来越冷,我只好蜷曲着,瑟瑟发抖。芳姐敲了敲门,递给我一个厚厚的毛毯。

瞬时我有些感动，只是想起老妈那张刻薄的脸，我又有些失落了，如果芳姐是我的妈妈那该是一件多么幸福的事情。

第二天起床，芳姐把我叫醒，特意嘱咐我一些注意事项。比如：晚上四点之前必须回来，尽量往人多的地方去。

八月的海水真的有些凉了，可我还是像疯子一样打着赤脚一脸兴奋地往海里跑，还大声喊了："大海，我真的看到你了！"

5

下午四点后，我在公共大厅抱着笔记本坐在沙发上蹭无线网看动漫，前台小姐给我拿了一盘水果、一盒酸奶。

看着看着，无聊的我突然萌发出再次去看海的念头，全然不顾当初芳姐对我的告诫，兴高采烈地踏上了那条曲折的小路。

夜晚的海洋深沉宁静，只有几盏昏黄的灯和偶尔吹着口哨在沙滩上来回奔跑的孩子。

我坐在露天雨伞下，一边听大海的涛声一边遥望蔚蓝的海洋。

远处沙滩上，那个模糊的背影好像是芳姐，这么晚了，她过来做什么？

于是我走过去,小心翼翼地坐在了她的旁边。

看到我过来后,她没有多说什么,只是问我:"你是不是跟红姐(老妈的名字)吵架了?"

我带着委屈的声音说:"她总是说我,无论我做什么事情都不能让她满意,我甚至怀疑她到底是不是我亲妈。"

芳姐勉强笑了笑:"怎么可能不是啊?她只是有些严厉啊!"

后来,芳姐给我讲述了一个关于我老妈的故事:那年她和朋友合伙做粮食生意。她们的仓库在县城的进风口,坑洼的公路上,运煤的大车一辆接着一辆,狂风刮过,漫天扬尘,她骑着电动车在这条小路上下班,每天回家都是一身的尘土。有时候,搬工不够的话,她就自己去扛麻袋。粮食防霉防虫,需要定期晾晒和打杀虫剂,她也会自己上阵。那时候,她已经得知自己怀孕了,芳姐问她为什么还要这么拼命,她一脸幸福地拍了拍自己的肚子说,都是为了这个宝宝啊,为了她将来能过更好的生活。

芳姐说:"她童年时候比你还叛逆,你现在就是不断重复着她当年的路呢!"

我很清楚地记得芳姐对我说的一句话:"世界上每个母亲都是爱自己孩子的,只是表达的方式有所不同罢了。"

我的眼泪忍不住开始决堤。这些年,她的腰椎和颈椎都有了毛病，可能都是因为早年每天待在仓库里。有时候她疼得半夜睡不着，可是第二天仍然强忍住病痛，起早为我做饭，然后一个人去医院排着长长的队。

我这些年又为她做过些什么？任性地对她大喊小叫，甚至在同学们面前说她各种坏话。

当我打开手机后，猛然发现短信里有五六条未读短信，发件人只有一个：老妈。

"筱筱，你快回来吧，是我错了，不该对你这么凶。"

"筱筱，原谅妈妈好不好？"

终于，我放下心里的一切抱怨。此刻唯一的想法就是给老妈打个电话。

当电话接通后，我忍不住像个孩子一样，对她说："老妈，我爱你。"

6

妈妈并不是生来就喜欢板着个面孔，不是生来就是个一生气就骂人的母夜叉。她也有过彷徨、失意的时候，经历过生活的酸甜苦辣。于是，她变了，变得不可理喻，变得脾气冲动。

其实，归根结底，她所付出的一切都是为了我们。

愿世间所有的母爱都被温柔以待。

爱是为你做一碗鸡蛋面

惟 念

上海的四月像是被泡在雨水里，每晚枕着淅淅沥沥的雨声入睡，连梦都变得潮湿。在连续失眠一周后，我终于决定返家，汲取些阳光和能量。

列车在清晨六点抵达，步履轻快地飞奔到小区门口时，抬头就看见三楼的窗口亮着暖黄的灯光。心头一热，大喊了一声"爸"，思念的人立刻从窗口探出半个身子，冲我招手。

干净整洁的厨房里香气四溢，灶上的油锅里煎着焦香的鸡蛋，爸爸俯身切着鲜亮的西红柿，洗干净的小虾盛在透明的碗里，绿油油的香菜叶上还挂着晶莹的水珠。

"嘿，爸，你怎么知道我想吃面？"

爸爸双手在围裙上擦擦后，刮着我的鼻尖说："你前些天不是在朋友圈里写过嘛，看你每天熬夜写东西喊饿，要是你住得离我近点,天天都能给你做饭。"

平淡简单的话被他说出来,却让我莫名的想掉泪,大概是因为漂泊在外太久,没被这样细心关怀过太久。为了掩饰自己的易感,我连忙转身,大喊着:"爸爸我要饿死啦,你快做饭。"

鸡蛋煎熟,加水煮沸,放入面条,快要起锅时倒下西红柿和小虾。准备好大碗,裹着鲜美汤汁的面条全部捞起后,撒上香菜,滴上麻油。

爸爸娴熟地处理着每一个步骤,我就坐在桌边看着他微驼的背和泛白的鬓角,想起青春期里诸多的横冲直撞,他也是用这样的温柔抚平了我所有的倒刺。

十四岁时,数学成绩一塌糊涂,不及格的卷子从不敢拿回家,都是自己签上爸爸的名字。一连数次后,老师终于忍无可忍地问:"你家长对你这么差的成绩没有任何表示吗,是彻底放弃你了吗?"

年少的我一脸窘迫,站在办公室里,被迫接受着周围人投来的异样眼光,一个字也说不出来。

"这样吧,明天叫你爸爸来学校,我想跟他好好谈谈!"

见我一直沉默,老师也失去耐心,大手一挥让我回了教室。整个下午我都惴惴不安,想了无数个开场白,都难以启齿,自责地以为爸爸知道后一定会很伤心难过。

当晚的饭桌上,我一改往常的活泼闹腾,始终低头不语，末了爸爸问怎么了，我竟然没底气地哇哇大哭，一股脑的把事情的来龙去脉告诉了他。

翌日他陪我去学校，在办公室里找到了老师，看着年过半百的妇人扭着我的耳朵，责怪我胆大包天敢私自冒充家长签名。我痛得眼泪打转，也不敢吭声，只是盯着脚尖，沉默久久。

"老师，谢谢您关心，我最近工作也很忙，没关注到孩子的成绩，以后一定会多在意的。"说完爸爸还鞠了一躬，一旁的我难过得满面通红，最后从办公室里出来时，我立马扑进爸爸的怀里号啕大哭，自责后悔愧疚愤怒交织一团。

爸爸什么也没说，只是拉着我的手，慢慢朝家走。他吩咐我在客厅坐着，自己跑去厨房叮叮当当忙碌了一阵，后来端着一碗热气腾腾的鸡蛋面走出来，招呼我过去吃。

面条的香味在房间里弥漫开来，我吃到一半，忍不住问："爸，你怎么没打我，也不骂我？"

他伸手拨拨我搭在额前的碎发，说："我知道你不是坏孩子，偷偷签字已经说明了你怕我伤心，证明你还没到无药可救的地步。"

"可是，我让你在办公室里丢脸了，被那么多人围观，还害你鞠躬赔不是，但这明明不是你的错啊。"

听到这里，爸爸笑了，他倒了满满一杯水递给我，叮嘱我不要多想，只要尽自己最大的努力，每天进步一点点就好。

或许是那碗面条有魔力，或许是那个促膝长谈的下午让我的心门慢慢打开，之后我有了任何困扰都愿意和爸爸分享，寻求建议和帮助。

两年后，我考上了一所还不错的高中，并没有成为数学老师口中被放弃的人。收到录取电话的那个中午，我趴在床上翻看做过的一摞摞试卷习题，担心所有努力都付诸东流怎么办。但带来好消息的那通电话之后，我兴奋地跑去找爸爸，他听我语无伦次地说完后，转过头，用手抹了抹眼睛。

那个动作像是定格了一般，永永远远地留在我心中，让我每一回想起来，都忍不住鼻酸。

新的九月，新的校园，一切都从头开始，爸爸仍全心全意地陪伴我在每一个重要关口。

印象里有一个下着大雪的夜晚，整个城市的交通系统因为暴雪而瘫痪，站在皑皑的雪地里，打电话回家，告诉爸爸不要担心，我会跟同学一起步行走回去。但他当即制止我，让我就站在原地哪儿也别去，等他来。

天色越来越暗，温度越来越低，我呵着气不断跺着脚，耳朵刺骨地疼着。猛地听到声音回头一看，是爸爸顶着满身的大雪，特意来接我。暖黄色的路灯照在他的发梢眉角，身着厚重羽绒服的他，看起来像个圣诞老人。我就跟在他身后，踩着他的大脚印，一步一步向前走。

拍掉肩头的落雪，摘掉遮风的帽子，散开保暖的围巾，倒下一盏滚烫的热茶。爸爸为我忙完这一切后，立刻洗手择菜，片刻后端来一碗鸡蛋面，看我吃完后才放心让我去温书做题。

　　大概，世间所有的感情形式里，父爱是最沉默却也最厚重的一种，动听的话不常说，却用行动表达着至为深刻的关切。

　　长大，慢慢变成熟，开始工作，变得独立，也离家越来越远。隔着长长的距离，我和爸爸只能靠电话网络来沟通，偶尔想家偷偷哭泣的时候，就会照着爸爸的方法给自己做一碗鸡蛋面。大口喝着热汤时，心头就暖成一片，仿佛多了抵抗孤独和思念的力量。

　　有人爱香车宝马火树银花，有人爱琳琅珠宝衣袂飘飘，我爱的，永远是那一碗朴素的、却让我每次想起来时，都忍不住泪流的鸡蛋面。

传奇远而粥饭近

夏日痴

先来说说我的爱情观吧。不怕丢脸地讲一句，从幼儿园开始我就不断致力于塑造自己的爱情价值观了。每天傍晚五点半，我一定准时端着小碗吃着妈妈做的红烧肉蹲在小屏幕的彩色电视机前。每当看到星矢小宇宙爆发拯救女神雅典娜的场景，我总要激动得热泪盈眶，红烧肉塞满脸颊忘记咀嚼，呜呜哇哇地指着电视机说不出话来。

这种场景，光是想想就已经够白痴了。

但是五岁半的我才不管这个，圣斗士为了女神奋不顾身的英俊背影，深深烙印在我幼小的心灵。

晚上睡在小床上，我看着窗外的漫天星光，因为满怀期待而久久难以入眠。爱情对于当时五岁半的小姑娘来说，是传奇一样的存在——罗密欧与朱丽叶要在一起，就得冲破世仇的重重阻挠；梁山伯和祝英台要携手白头，必须坟前痛哭泣血化蝶；连隔壁的姐姐也告诉过我，紫霞仙子的爱人，会是一个踏着七彩祥云而来的盖世英雄。

爱情是不沾烟火气的传奇，故事里的每个主角都有着非凡的能力或者异于世人的高尚品质，他们的相遇富有神秘的色彩，他们的相知历经过种种波折，他们的爱情故事惊天动地，荡气回肠，千回百转又跌宕起伏。

这样的中二病，一得就是很多年。

上了初中之后，远离中二动画片的我又开始陷入各类小说。安妮宝贝的笔下，男主动辄毕业于清华大学的计算机系，敲着键盘的手往往都修长好看，白色衬衣穿在身上妥帖从容。优秀又精英的男生偏执地喜欢着辍学之后外出闯荡的不羁少女，在她清透明亮的眼神里寻得了人世的真实和温暖。

我躲在窗边，眼睛盯着桌肚里的小说看得天昏地暗。从安妮到亦舒，再到雪小禅。

开始迷恋格子衬衣，浅色牛仔长裤下踩一双白色球鞋，袖子挽起来露出纤细的手腕。在窗户边上没完没了地写东西，少女时代性格里的偏执初见端倪，认定的事情一定要做到最后，带着一点儿不撞南墙心不死的倔强。

心里隐隐地期待着那些像魔法一样的爱情，它们仿佛能让灰头土脸的人生，一下子就变得光彩照人。鲜衣怒马的少年，骑着单车等在某条落满梧桐叶的林荫道上，只差一个拐角就能遇得到。

怀揣着这样的期待，每天放学回家，过马路的时候转身回头之间都带着一点顾盼。只是读书的日子漫长又沉闷，教室里看出去的天都是四四方方的。怎么可能有人能踩着七彩的云霞来见我呢，我握着笔尖轻轻地叹了一口气。

我如此期待着一场传奇的到来，哪怕不是发生在我身上也没关系，能够做一个见证人对于我来说就已经足够了。

直到来了大学之后，这个心愿终于得到了满足。

从春寒料峭的情人节，到暑热未消的七夕，各类节日都能让我见证那些传奇的瞬间。见过最壮观的告白是某航空学院的男生自制飞机一架证明爱意，几乎就相当于现实版的七彩祥云。稍微普通一些的也都是诚心正意的男孩儿（或少数女孩儿）集结着一众亲友团在宿舍楼下摆好蜡烛和玫瑰，声嘶力竭地喊着心里那个名字。起初我作为围观群众里的一员，也能激动得像当年一样热泪盈眶的。

我以为按照我的传奇爱情观来，这些轰轰烈烈的表白之后，女孩儿含羞伸出了自己的手，接下来的剧情就应该是男女主的地久天长至死不渝和一生一世。然而震惊我的是，现实里一个男生在大学里可以喊十几次楼，一个女孩子也能换好几个男朋友，并且身边的那些表白越是惊天动地，后续越是惨淡无声。闺密和室友每失恋一次，就找我去吃一次夜宵。她们抹着泪说，在一起之后发现全是琐碎事儿，从图书馆到食堂再到校外门口那家肯德基，每天都是一样的，这哪里是老娘要的爱情啊！

一个学期结束之后，体重失控的我感觉自己的爱情观也快要濒临崩塌了。

寒假回家，正月里闲来无事。我看着妈妈在厨房里做菜，爸爸跟在她身后变着法儿添乱还美其名曰"打下手"，于是很有正义感地把我爹拖到了客厅。

反正闲着不如八卦，我于是很正经地问我爸："你是怎么和我妈在一起的？"

他老老实实地讲，"相亲呗，我们那时候又不时兴自由恋爱，哪像你们现在年轻人似的，自由散漫不负责任——"

我赶紧打住他，接着问："你和我妈这么多年，生活又这么普通，是怎么过来的？"

他们结婚二十三年，柴米油盐酱醋茶，磕磕绊绊地走过来，日常生活里全是琐碎的事情。没有蜜月旅行也没有惊喜钻戒，中西情人节都当成普通日子过，我再三提醒，我妈才多加了个肉菜。两个人坐得最近的时候，就是在沙发里裹着毯子看电视，远远看过去活像两头冬眠的熊。

"大部分人都是普通人，普通人的爱情才真实。"我爸盯着我特别认真，"感情不是挂在嘴上的，也不是流于形式的，而是放在心里的。平平淡淡的日子过下来，甜虽然淡，却能得长久。"他看了看我，不屑地摆了摆手：

"算了你这么傻，说了你也不懂。"

妈妈在厨房里喊："你快过来尝尝这鸭子汤炖得怎么样！"爸爸站起来就往厨房走，脸上却还是傲娇："我就说了吧，少了我你连鸭子汤都不知道怎么炖。"

我看着这两个人的背影，爸爸这些年不知怎么就胖起来了，妈妈的眼角也爬上了细密的皱纹，爱情也许不只是天际瞬息万变的云彩吧，因为我觉得此刻两个人镶嵌在家居小小厨房的背影，分明也有细水长流的美好。

那天晚上妈妈坐在客厅里织毛衣，爸爸沏了壶普洱坐在沙发里看新闻联播。小小的三室一厅安安静静，柔和的昏黄灯光照着打着木蜡的地板，倒映着一个家该有的模样。

我在房间里看书，伸手用铅笔把一句话细细地画起来："当时我不懂事，以为必须惊天动地才不枉爱一场，可是后来长大了，才知道传奇远而粥饭近，一茶一饭，其实皆是爱意。"

原来和紫霞仙子一样啊，关于爱情这件事，我们猜中了开头，却没猜中结局。

决不能让妈妈看到的几行文字

骆 阳

高三那年秋天,我犯错被教导主任抓了包,我妈知道这件事后好像偷偷地哭了。老杨绝对是这个世界上最好的班主任,他向着自己的学生,跟我说,你回家把你妈接来,咱们一起去教导处把这件事解决了。

我回家接我妈,嫌她穿得太寒酸,让她穿上那件我认为很时髦的风衣,我妈不乐意,她觉得我太爱慕虚荣……

到了学校,老杨和我妈聊得很欢,我都快烦死了。老杨说我在学校不好好吃饭,瘦得像根香菜,我妈说我打小就不是个能吃的。后来两个人达成共识,下次我回家就给我带上一捆大煎饼,随时饿随时吃。老杨说,高三太辛苦了,玩手机一玩就是一天,还得熬夜写作业。

我恨死了教导处那帮主任,他们没收了我给自己买的第一件生日礼物——那是我用稿费买的一个漂亮的打火机。还没焐热乎，就被没收了。

我妈是一个特别矛盾的人，有时话多，有时一个字也不跟你说，活生生能把你气死。事情办妥，我把我妈送下山，延边三中被甩在秋天黄昏的身后，我们几乎一言不发。

之所以想起这件事，是因为这几天，我妈给几千里之外的我寄大煎饼。煎饼是在市场买的，大米原料，微甜。煎饼到了，迫不及待地造了好几张。我妈问我好不好吃，我说还是你烙的好吃，自己家种的苞米当原料，怎么吃都香，不卷东西都香。你烙的好吃，从小到大，我的胃习惯了你烙的煎饼。

妈，在我的世界，是这样的一些角色：千里迢迢给我寄炒瓜子和大煎饼的老妈；教我做辣椒炒肉的厨娘；在我犟嘴的时候用大柴火棒子削我的恶人；在我还不识几个字的时候给我读《自读课本》的老师；教我画盛开的菊花的大姐姐；收留下我先斩后奏从外头抱回来的小猫的好朋友……

我妈说过的让我最记忆犹新的话就是：从穷的时候走过来，我顿顿吃大煎饼，不买米面，不欠人家一分钱。也是如此，我最瞧不起的人就是欠钱不还的人。

虽然我妈教了我不少道理，但是有些道理她也是不懂的。她不知道，我让她穿得好一些去学校，不是因为我虚荣，而是因为我觉得我们没有必要在别人面前展现出自己的一丝卑微，我们都是人，我们都是高傲的。她不知道，抽烟根本不代表什么，只有堕落才是最可怕的，没有坏的烟酒，只有不懂得克制的人。所以她没有必要哭。

如果时光可以倒转，我希望可以回到五岁，和她去山里采蘑菇，她喊我的小名，我不留余力地应上一声。或许我们还可以一起去采山菜，把从山里寻来的野味，包成饺子，冻在冰箱里，留着姐姐回家的时候吃。

那时候，高中时代就快要结束了，我妈来市里看我，给我带了我最喜欢吃的辣椒炒肉、葱花油饼和西红柿。我拿到班级，和兔子一起吃，兔子在课上吃得开心，被老杨臭骂一顿，老杨让她去走廊里吃。兔子说，分明就是老杨受不了那香味儿，眼睁睁地看着却又吃不到，有小情绪了。兔子还说，咱妈做的辣椒炒肉和饼实在是香死个人。正是因为我妈，兔子才觉得，做我的老婆一定是一件贼幸福的事儿。

今年暑假和老妈一起去旅行，娘俩都是头一次坐飞机，说实话飞机起飞的时候我吓得想小解，不过我还是紧紧攥住我妈的手说："别怕，有儿子在。"

多么矫情的一句话，却是这些年，除了和老妈急头白脸的对峙之外，我说过的，最走心的话。

你好，陌生人

浅步调

卖水果的大叔

很多时候，我是宅一族。因为懒得下楼，我可以忍受饿着肚子一天只吃一顿饭。所以，知道学校大门口有一个固定的卖水果的大叔，也是在大学一年级将近结束"大叔水果"的口碑传起来的时候。

大叔中年，个子挺高，普通话说得不好，但他想努力说好的样子每一个与他讲话的人都可以感受得到。大叔每天都是下午天快黑的时候，蹬着小板车过来，在学校门口右方不到百米的树旁停下，下了车揭开后板车的篷布就开始卖水果，从来不吆喝。没人的时候他不说话，站着看水果或者行人，过来人了就给拿方便袋，价钱上没有商量，可最后总会附带送小橘子、小番茄、小枣子。因为价钱卖得划算，水果也真心好吃，大部分同学都宁愿多走些路，跑到大门口买大叔的水果，不愿再去附近超市，就连学校里边并没有贵很多的水果店也开始少人问津。

大叔被打的消息传来，整个宿舍顿时群情激愤了。人人网上开始了大范围地转发抵制学校水果店的活动，因为学校水果店的父子是"凶手"。他们因为大叔生意的干扰，怒火中烧，所以，父子二人联手傍晚出校门掀了大叔的摊子。听说，大叔的脸也被打伤了。

我很久没出去，听说大叔有几天没来出摊。那些出去想为大叔主持正义的人一连几天都扑了空。一个多星期后，我大半夜地送朋友出门从外面赶回学校，昏黄的灯光下，大叔一个人站着，没有什么变化，只是离学校的距离远了三四百米。出校门，不仔细找，是看不到大叔的水果摊的。

时间已晚，不马上赶回宿舍就要被记晚归了，可不知道是什么力量的驱使，我还是跑到了大叔摊前，要买香蕉。大叔说："姑娘，香蕉已经卖完了，要不，你明天过来？"我说："行。"然后转身跑远了。

我其实很想问问大叔，你好了吗？很想问问大叔，最近生意好吗？很想问问大叔，为什么要这么拼命地生活？

可是，我走近大叔，忽然就觉得没有什么值得问的问题了。每天不变地出现在那里，他已经在回答我：生活，就是这样子，我们要做的，就是以最大的善意去对待这个世界。

图书馆里的读书人

认识她是因为作业的关系。我修了社会工作的双学位，老师让我们开展个案工作去帮助别人，我毫不犹豫地选择了她，因为我看到过很多次她读书的样子，比我们每一个人都认真虔诚。我偷偷地叫她——图书馆里的读书人。

她是图书馆打扫卫生的阿姨，才来学校一个多月，之前我没有跟她说过一句话，真正开始试图接近她的时候，我才了解要跟一个人认识是多么难的一件事。我鼓足勇气开口跟她说话，表明我的来意之后，她有些抵触，怕惹事般地略带四川口音说："同学，我没有什么好调查的。"我说："没事儿，我只是跟你聊天。"

后来，在作业要求的两个月内，我几乎每周都跟她聊两次天。她从四川到北京，儿子职专毕业在外打工还没结婚，丈夫也在外打工赚钱，一年到头家里聚不了几次。她说，当初到北京来，就是想多赚点儿钱，好让儿子早日找到媳妇儿。可是，在学校做保洁一个月的工资才一千多，可她又很喜欢学校的环境，时常不知道该怎么取舍。学校提供住宿是在宿舍楼的地下室，作为新来的，她说很难融入宿舍里的环境，提到是否想家的时候，她的眼眶有些湿润。

我问她喜欢看书吗？她竟然有些羞赧，说自己当初上过学，很喜欢读书，可惜后来没有机会继续深造。这也是她不舍得离开学校去找别的工作、经常上不上班都在图书馆的原因。我问："我能帮你什么吗？"她摇摇头。我说："我帮你留意好的工作，可以吗？"她还是摇头。我要把我的借书卡借给她读书用，她推说太麻烦。我说："我真的很想帮你，不只是为了完成作业。"她说："你这样跟我聊天，就是对我最大的帮助了。"

后来，我的作业不成功，老师说我根本没有做成什么实质性的事情。可是，我不明白，为什么我觉得我的收获很大。

有一天，她敲我们宿舍的门来找我，笑呵呵地对我说，她儿子有对象了，她要辞职去别的地方工作。

我一转身，差点儿当着她的面哭出来。我不知道父母的爱到底可以有多么无私，为了孩子，父母承受的底线到底在哪里。而那个一直躲在她背后的孩子，能够完完全全地感受得到这满溢的爱吗？

我悄悄地买了一副老花镜，作为临别的礼物送给了她。因为她在说自己已经老了的时候，提到眼花，看一会儿书就觉得眼累。

如果老花镜可以放大眼前的字，那么，本来就已经很大的爱，希望每一个孩子都可以读得到，读得懂。

扫地的大爷

考试的时候，我最喜欢临时抱佛脚。大家都说我真厉害，平常不学习考试成绩还每次都那么高。可是，他们不知道，为了抱好佛脚，每次考试之前，我都会在天刚亮时就起床，跑到操场去背书。

起早背书，让我认识了大爷，也知道了晚起的人走的路为什么是干净的、无落叶、无积尘的路。大爷更普通，说实话，看起来有些不怎么整洁，可能跟打扫卫生和弄垃圾的工作有关。所以，我虽然对大爷有兴趣，虽然并不疏远大爷，但要接触和靠近还是没有理由和足够支撑的。

我听到了一个故事，后来，我才知道自己是多么的粗鄙。

大爷几乎一整天都在学校，连吃饭都在。同学说，看到过很多次大爷拿着冷掉的各种菜等在微波炉旁热饭，他不争也不排队，就等着没人的时候才起身过去热饭。有一天，我排队热饭的同学看到，有一个同学看大爷端着没有肉菜的盒饭等在那里，就去食堂窗口买了鸡腿和烤翅，然后不动声色地走到大爷身边，把它们搁在大爷的盒饭里，走了。

我没有看到那个画面，同学说，当时相当感动，觉得自己的思想水平真丢人。

我很想问问同学，大爷是什么反应，可还是忍住了好奇心。

付出需要回报，但这一定不是那个给大爷盒饭里搁鸡翅的同学的初衷。很早之前，就喜欢在写的作文里引用雕塑家罗丹的这句话：生活中并不缺少美，只是缺少发现美的眼睛。到今天，我才慢慢地发现，生活中的美是多么需要一双善于发现的眼睛。

这个世界，本来就是小人物的世界。每个人都有自己的生活，我们也可以从不同的人身上汲取正能量。感谢他们让我成长。

你好，陌生人。